U0042550

猶太理財專家不藏私致富祕訣

שלא תצא פראייר（My First Smart Steps）

史威加・貝爾格曼 Zvika Bergman——著
范曉——譯

新版推薦文

好觀念應萬變，趁早培養正知見

楊斯棓（《人生路引》作者、方寸管顧首席顧問）

我有一對夫妻好友G和M，他們不開車，因為買房時屋主連車位一起賣，因此他們擁有幾個停車位，平常雖然用不到，但至親好友來訪時倒是方便。

有一次管理大哥提醒某個車位上方漏水，雖然已排定修繕作業無須多費心，但他們還是想在修繕之前去看一眼。

那天他們夫妻搭電梯到地下一樓，走去自家車位，瞥見某住戶的粉紫色電動跑車，格外吸睛！

M跟先生說：「好像在新聞上看過那輛跑車，真是個有錢人啊！」

M這樣判斷，也不能說她錯。大多數人或許會認為，擁有那麼貴的車，一定很有錢。

G想起某本書給他的忠告，他對M說：「關於他是不是個有錢人，其實我們一無所知。」

M一下子不明所以，請G繼續解釋。

G說，如果把剛剛的討論主題變成一堂金錢微課程，大概可以討論以下幾點：

第一，什麼是「有錢人」？

第二，「有錢人」說的話，我們比較容易相信嗎？

第三，「有錢人」若找我們一起投資，我們會不會不加思索便雙手奉上自己辛苦的工作所得，滿心期待超越巴菲特（Warren Buffett）水準的報酬。

第四，承上，「有錢人」如果沒有如期匯款到我們的帳戶，對我們的訊息開始不讀不回，那該怎麼辦？

第五，你同不同意，關於那輛車的車主，其實我們唯一能確定的事情是：他的銀行帳戶少了一輛車的錢；又或者，他的帳戶每個月因這輛車而扣款。

第六，對車主來說這輛車，是好資產還是壞資產？

以上六題，聰慧的小學生如果遇到好老師，一下子就能打底建立好觀念。但也有些成年人的腦海裡滿載錯誤答案，卻堅持自己的認知是正解，最後讓自己的下半輩子不斷為金錢所苦。

我試著簡答第六題：

如果車主駕著這輛車參加比賽，或者利用這輛車拍了不少微影片、當了類網紅，據此賺了不少獎金或代言費，費用讓他能夠繳車貸，那這輛車對他來說可稱之為好資產。

如果車主入不敷出，挖東牆補西牆，貸款繳得很辛苦，卻又沒本事靠這輛車賺錢，那這輛車對他來說其實是壞資產。

當然，還有一種不算罕見的狀況。父祖餘蔭讓他得以用現金買車，過戶後隨性閒置，一年開不到幾天。但他資產豐盈，那輛車對其資產可能占比不高，少到他懶得細究資產好壞。

台諺云：「好天著存雨來糧。」再紅的行業也有朝衰敗，長輩也可能心肌梗塞，若誤認自己含金湯匙出世，成年了還對家中經濟狀況一無所知，踏入社會仍帶著扭曲的金錢觀，這輩子就有很多苦頭要吃。

坊間有許多人打著股神巴菲特的旗號出書、開班，甚至收費代客操作，我總納悶，受眾為何不買《雪球：巴菲特傳》（*The Snowball: Warren Buffett and the Business of Life*）、《巴菲特寫給股東的信》（*The Essays of Warren Buffett: Lessons for Corporate America*），學習第一手的巴菲特智慧？受眾為何不直接投資巴菲特的波克夏．海瑟威公司（Berkshire Hathaway，股票代號 BRK.B），明明績效就更好，又能隨時賣出零星股份？

關於錢，我們應該先能辨析孰為能者，然後多吸收能者的正知見。波克夏副董事長蒙格（Charles T. Munger）說：「反過來想，總是反過來想。」懂得提出質疑，並嘗試解惑，其惑若未解，則不輕易他人。

《猶太理財專家不藏私致富祕訣》這本書，就是幫助您培養正知見的起點。

新版推薦文

一生要學習與執行的必修課

華倫老師（《養對股票存千萬》作者）

眾所周知，猶太人在全世界擁有高度影響力，甚至連全球富豪榜中也幾乎由猶太人所占據，像戴爾電腦創辦人戴爾（Michael Dell）、臉書創辦人祖克柏（Mark Zuckerberg）、谷歌創辦人布林（Sergey Brin）……都是猶太人，華納兄弟、環球影業、高盛集團等也都是由猶太人所領導。

本書作者史威加．貝爾格曼是以色列知名暢銷書作家和企業教練，由他來教我們如何投資理財和省錢是最恰當不過了！

我還記得念國中時，數學老師向全班同學講了一個故事。他說有個大臣和國王玩一個為期一個月的遊戲，大臣每天給國王一萬粒米，國王第一天給大臣一粒米，第二天兩粒米，第三天四粒米，第四天八粒米……直到第三十天，看看誰給的米較多。國王的數學很差，覺得遊戲很有趣，便爽快答應。

那麼到了第三十天，國王要給大臣幾粒米呢？答案是五億三千六百八十七萬粒米，這還不包括前二十九天要給出的數量。而在這三十天裡，大臣卻只給了國王三十萬粒米，想當然耳，國王只得認輸投降。

這個故事告訴大家「複利」的驚人力量，本世紀最偉大的科學家、同樣是猶太人的愛因斯坦（Albert Einstein）曾說：「複利的威力比原子彈還可怕。」

始終占據全球富豪榜前五名的價值投資大師巴菲特曾被記者問到，如果不小心掉了一塊錢在地上，會不會撿起來？巴菲特說當然會撿起來，不只如此，甚至會連好朋友、微軟創辦人蓋茲（Bill Gates）掉的一塊錢都撿起來，因為這一塊錢又是另一個一百億元的開始。

他們之所以成為富人，就是因為看重每一塊錢。大家有想過嗎，現在處於低利率時代，銀行的活存利率普遍不到〇．一%，你要先有一千元本金放在銀行整整一年，才有一元的利息，更何況絕大多數銀行有最低金額一萬元限制才會開始計息，所以怎能不珍惜這每一塊錢呢？

藉由《猶太理財專家不藏私致富祕訣》一書，作者教你如何避開金錢遊戲陷阱，如何省錢聰明消費與控制物欲，因為複利奇蹟的開始都是從一開始。

除了節流，開源也相當重要。巴菲特說：「買進績優股票後長期持有，然後努力工作。」十萬元的十％是一萬元，一千萬元的十％就是一百萬元，所以複利除了要靠長時間得累積，還需要規模大的本金。「本金」加上「時間」，就是致富遊戲規則。

在這物價通膨高漲的低利率年代，每個人都應有正確的金錢觀，「人不理財，財不理你」不是口號，而是每個人一生要學習與執行的必修課。光說不練是沒用的，現在就從這本書學習猶太人的金錢觀，踏上聰明理財致富之路，華倫老師用力推薦！

新版推薦文

溫柔的理財書，實用的贏家祕訣

李雅雯（十方）（理財暢銷作家）

《猶太理財專家不藏私致富祕訣》是一本內容「有野心」、下筆「很溫柔」的理財書，好幾個章節都讓我嘖嘖稱奇。

然而除了這本書之外，我從未看過哪本理財書會教我們如何「看破」促銷手段、「洞察」賣場陷阱、「觀察」賣家的肢體語言，再歸納「以退為進」、「籌碼交換」的殺價技巧……，這本書裡的每一個建議都細心周到，實用妥貼。

其中一個章節提到：「很多人在成年之後仍對家裡的經濟狀況一無所知。」我對這句話特別有感覺。多年前，有個十六歲女孩跟我說，她不知道爸爸在做什麼工作，更不知道家裡每個月賺多少錢、花多少錢。你要知道，一個還不知道家裡賺多少錢、花多少錢的十六歲孩子，長大後很可能無法掌握生活的成本，無法監督金錢的流向，而一個沒有這種能力的大人很可能會買下太貴的房子，欠下太多的卡債，毀了自己的人生。

我建議父母應當從小就跟孩子「談錢」，一如本書說的。可以在餐桌上拿出水電、瓦斯、網路費的帳單，讓孩子明白錢都花到哪裡。或者也可拿出房貸通知書，讓孩子看看貸款金額，包括「利息」和「本金」，並解釋各種相關金融名詞的意義，讓孩子明白自己目前住的房子有大部分的錢是跟銀行借的，不但要還，還要連本帶利還。

最後，你也可以拿出信用卡帳單，帶孩子讀懂其中「最低還款金額」、「信用卡利息」的意義，趁機讓他知道什麼是信用卡及分期付款制度，以及父母所背負的信用卡債務金額和每個月要償還的金額，讓他真實感受到背負債務、預支未來薪水的狀況，就是要面臨還債的壓力。

我相信，只要學會「債務」、「利息」、「信用」等概念，就能提升孩子的金錢競爭力，讓他贏在起點也贏在終點，而能幫父母一把的，就是這本書。

它是一本溫柔的理財書，也是一本實用的贏家祕訣，讀了絕不後悔。

新版推薦文

小確幸是短暫的，生活是一輩子的

李勛（知名理財作家、Youtuber）

很多人一直會覺得，我要「很有錢」才能開始「理財」，但這想法其實是背道而馳。套上大家最常講的一句話：「你不理財，財不理你。」你要開始理財，才能變得有錢。

我一直認為錢不是萬能，但錢能讓你的生活有更多選擇。現在的年輕世代因為物價上漲搭配上自己微薄的薪水，開始流行「小確幸」；有句廣告詞一直讓我印象深刻：「我早就放棄買房，只煩惱中午吃什麼。」這句話看似有趣，卻也著實心酸。難道我們因為這樣就要放棄理財嗎？答案絕對是否定的。我曾經在我的社群媒體分享過，「小確幸是短暫的，生活是一輩子的」，千萬不要為了過多的小確幸而放棄後面幾十年的生活。

理財的根本之道就像《猶太理財專家不藏私致富祕訣》這本書中提及的，分清楚「需要」及「想要」，只要搞清楚了，基本上就能減少一半以上的生活開銷。這是可以慢慢練習的，建議大家記帳時，可以標註心情小語，像是「我買了這個東西很後悔」，或是「跟朋友一起去喝酒，但發現自己沒那麼喜歡」，把每一個消費行為都做記錄，會比你單純記帳還要有意義且更有記憶點，這樣就可以慢慢地區分哪些是需要及哪些是想要。如果真的分不出來，最簡單的就是減少「買飲料」，很多人每天一杯飲料覺得是小確幸，但其實你的身體完全不需要飲料，不僅不健康，還會讓荷包縮水。

其實我到現在對於金錢還是很敬畏，每一分錢都得來不易。最常讓我懊惱的就是不小心刷到回饋比較低的卡片，雖然只有一至三％的區別，但我心裡會想，竟然會因為一時的思考不周而多花了這些錢，讓自己有「痛」的感覺，下次就會更謹慎。別人可能會覺得小氣或吝嗇，但錢是現實的，你花出去了就不會再回來，所以只有謹慎消費，才能讓你的每一分錢發揮到最大價值。

沒有人天生下來就會理財，所以幾歲開始都不遲，雖然我出版了《25歲存到100萬》這本書，但是這並不代表在幾歲時就一定要有多少資產。我最近一直在反思

「怎樣才算成功」，慢慢領悟到一個人的成就，其實不在於多有錢或爬到多高的職務，而是可以為自己的生活負責，並且享受活著的每個當下，那就是成功。理財很重要，生活也同樣重要，找到其中的平衡是每個人都必須學習的課題。

生活中的每一個行為幾乎都與「錢」扯上關係，收入與支出一直需要很謹慎，相信大家看完這本書，一定都會有「哦！原來是這樣」的體悟。很多時候一個不留心，錢就從指縫中溜走，相信剛開始記帳的人都會有種體悟：為什麼我們總在無形中花了很多錢？花錢當下是快樂的，但這份快樂可以延續多久，每個人的感受都不同，但你可以去體會，並在每次消費前多問自己：我花這筆錢是否真得值得。

猶太理財專家不藏私致富祕訣

第1篇
這是一場不能重來的金錢遊戲

現實生活中金錢遊戲不可能突然結束，然後重新開始，
你每天都得從昨天遊戲停止的點繼續進行。
如果昨天你欠下了巨額債務，
你無法按重新開機鍵，你只能背負著債務繼續玩下去。

我們生活的這個世界，大多時候都圍繞著金錢運轉。如果你能讀懂這句話的意思，就證明你已經意識到了這一點。事實上，每個人都想得到你的錢，不管是你現在的錢還是你將來的錢。

你可能會問：「誰想要我的錢啊？」告訴你吧，商店老闆、商品生產廠商、賣衣服的、賣披薩的、電影製片人、演員、賣票的、載著你飛往國外的機長、銀行行員、家教、新款手機和電腦製造商、你家附近的便利超商店長……，所有你能想到和想不到的人，他們都想得到你口袋裡的錢。他們甚至會同意你延期一個月、兩個月甚至一年之後再付款，他們也願意把超出你經濟能力的東西先賣給你，等你將來有錢了再付給他們。

請在那裡簽字，在這裡簽字，在這裡……他們正等著你把將來賺到的錢全都交給他們。

但是，你的職責和他們剛好相反，你要盡量保住自己的錢，不要亂花。其實這是一個金錢遊戲。全世界的人都在想盡辦法讓你把口袋裡的錢交給他們，而且很多時候他們都能成功得手，而你，一定要抓緊你的錢包。

人生就像在玩大富翁

那些抵得住誘惑的人，多年之後可能富有到可以買下全世界，而那些輕信別人、讓別人用各種理由騙走自己錢的人，則會輸掉這場遊戲。

就像玩大富翁遊戲一樣，你的錢、子彈、士兵和飛鳥都輸光了。唯一不同的是，在虛擬遊戲中你可以隨時重新開機，然而在真實生活中，想要重新開始就沒有那麼容易了，你很可能從此一蹶不振。

為了在個人生活和經濟上取得成功，你要善於利用那些曾促使你獲得成功的經驗。當然，你得在某一方面經歷過成功經驗，例如學習或是電腦和手機遊戲裡。一開始總會碰到困難，你會遭遇一次次失敗，但是慢慢地，你清楚過程中有哪些障礙，知道自己的盲點在哪裡。

你逐漸累積經驗，收集知識，闖過了一關、一關、又一關，最後終於打破了你的個人紀錄。

知識及運用知識

你會明白，一旦你知道了什麼不該做，然後再去運用你學到的知識，你就能成功。也就是說，有兩樣東西是你需要的：

一、知識。

二、運用知識。

一旦你知道自己該做什麼，並且去執行，你就能成功。就算經歷一、兩次的失敗也沒關係，你很快就能摸索出方法，然後不斷改進，直到成功。

在金錢問題上，道理也一樣。**如果你沒有掌握足夠的知識，你的錢就會不斷減少**。也就是說，不管你將來能夠得到多少錢、賺多少錢，你最終都會一貧如洗，甚至負債累累。但是，如果你不斷累積知識並且運用它，你就能踏上成功之路。

請注意，**掌握把錢用在刀口上的能力，往往比你擁有多少錢更重要**，這種能力很驚人。一個月薪五千謝克爾[1]並懂得理財的人，在幾個星期之後，可能比一個月薪一萬謝克爾但對理財一無所知的人更富有。後者把自己的錢給了別人，要嘛花在娛樂活動上，要嘛就是在業務的勸說下購買了一堆顯得自己身份高貴的奢侈品（大部分其實都不需要）。他很可能花光了全部的錢，一無所有，回到起點。而前者呢，他通過投資或者做生意賺到更多的錢，用這些錢也能購買奢侈品（如果非得要買的話），同時還省下了本金。

看看你的身邊，你會發現有不少與你同齡的人、甚至是和你父母年紀差不多的人，他們每天都在為錢不夠花而傷透腦筋。造成這種狀況的重要原因：他們不去學習和運用理財知識，一次又一次地重複犯錯。他們覺得不是自己不正常，而是周圍的世界不正常。

現實生活中金錢遊戲不可能突然結束，然後重新開始，你每天都得從昨天遊戲停止的點繼續進行。**如果昨天你欠下了巨額債務，你無法按重新開機鍵，你只能背負著債務繼續玩下去。**

你也無法停止這場遊戲，因為這就是你的人生。

---

❶ 謝克爾是以色列的官方貨幣，一謝克爾約為新台幣九元。

但是，你可以學習和掌握理財知識，讓它幫助你走向成功。也許這對於一個從未接觸過理財的人來說並不容易，但人生本來就沒有那麼多公平的事情，你也無法讓時光倒流、重新開始，所以重要的是，適時選擇正確的道路，繼續你的人生。

相信你已經明白了，唯一的出路是儘早掌握金錢遊戲的規則，並且把它應用在你的生活當中。

近年來，以色列的經濟學家和國家領導者都同時意識到理財教育的重要，並在議會中提出實施普及理財教育的討論，我也參加了討論，結論是議會同意將推廣理財教育當做一項重要的國家政策。

想贏？先學會遊戲規則

想擁有一個成功的人生，理財知識是你必須學習的重要課題。就從現在開始吧！也許你曾天真地以為，別人賣給你毛衣的是想讓你穿得暖和，賣給你壽司或者烤肉捲是想讓你填飽肚子。那麼從現在起你就該知道，唯一讓他們感興趣的其實是如何把你的錢轉移到他們的口袋裡。不過，當大家都想得到你的錢的時候，有個好處很重要，那就是他們願意用更便宜的價格賣給你更多東西。也就是說，當你真正需要買東西的時候，同一件商品，只要你肯在他那裡買，會有一些賣家願意用更低的價格賣給你。

如果你懂得如何管理你的錢，你不僅能省錢，還能賺錢呢。

現在知道正確使用金錢對你人生的決定性影響了吧！如果你不學習金錢遊戲的規則，所有人都會因為賺到你的錢而歡呼慶祝。

你還沒醒過來嗎，是時候醒醒啦！

第2篇

有錢的第一步：承擔金錢責任

雖然有各式各樣的人或機構可以幫你打理財產、教你如何用錢，
但是如果你自己不負起責任，
不主動學習理財知識，
你可能會在你的人生裡經常餓肚子。

一個人要想取得成功，尤其是經濟上的成功，需要具備的重要條件之一就是要有承擔責任的能力。大多數的人不願意承擔責任，不僅如此，他們甚至還把責任推給相關的人。這樣做也許會讓他們的良心得到安慰，但卻阻止了他們的進步。**承擔責任，就是要停止指責他人。**

忘了帶午餐的小學生

一個小學生在上午十點發現書包裡再度沒有三明治，他可能會責怪父母沒為他準備午餐，或是責怪父母忘記把午餐放進書包。有時，他的抱怨是對的，的確是父母的錯，但總是情有可原，因為早上時間不夠用，或者鬧鐘剛好沒響。不過，父母的一些原因聽起來很牽強，像是「我以為你爸爸已經把午餐放進去了」，或者「我以為你媽媽已經把午餐放進去了」等等。

而且，這個孩子會發現，每週至少有一次「父母忘記把三明治放進書包」的經驗，要嘛忘在廚房灶臺上，要嘛放在書包旁邊，有時甚至完全忘記做三明治。

孩子可以把責任推給父母，是他們讓自己沒有午餐吃、讓自己挨餓了一整天。

但是，唯一能徹底改變這種狀況的辦法是：這個孩子承擔起責任來，每天出門前檢查一下自己書包裡有沒有帶午餐。簡單來說，這就是負責。

所有跟金錢有關的議題上，責任感顯得更為重要。以色列有成千上萬已經達到六十七歲法定退休年齡❷的老人，他們辛苦工作了一輩子，最後卻連最基本的食物都買不起。其主要原因就是：他們不為自己的養老問題承擔責任，卻把責任推給國家，推給他們的雇主，推給社會保障機構或者別的機構……總之，推給除了自己以外的人。

而那些積極承擔責任，不存有「別人能把我照顧得更好」這樣想法的人，絕對不會讓自己落此境地。

承擔責任

什麼是金錢責任？最基本的理解就是，如果你想學習如何正確地用錢，如果你

❷台灣勞工法定退休年齡為六十五歲。

想知道如何正確地進行投資，如果你想知道如何從存款、投資市場、股市或房地產裡賺錢，如果你想在這場金錢遊戲中成為勝利者，或者，如果你想每天上午十點都能在你的書包裡找到三明治，你就必須要負起應有的責任。

你要明白，雖然有各式各樣的人或機構可以幫你打理財產，或者教你如何用錢，但是如果你自己不負起責任，不主動學習理財知識，那你可能會不止一次在中午挨餓，甚至比這更糟──在你的人生裡經常餓肚子。

相反地，承擔起金錢責任的人有能力改變自己和家庭未來的命運。從此刻開始，你必須明白，對你的經濟狀況唯一應該負起責任的人就是你自己。你能賺多少、花多少、剩多少、存多少，這一切都由你自己決定。不要等著別人為你做這些事，不要等著別人給你什麼，也不要等著別人教你怎麼做。

從現在開始，讓自己承擔責任。你是唯一可以完全影響自己的人，你成功和失敗的最主要因素都是你自己。不要試圖為指責他人找理由，自己負起責任來。

記住那個找不到三明治而責怪父母的孩子。他的抱怨也許是對的，但卻無法挽回挨餓的下場。只有當他承擔起責任，出門前先檢查是否記得帶午餐，他才能從此避免挨餓。

對自己的得失負責任的人，只有你自己。如果你自己不承擔責任，沒人能幫你，包括你的父母。

邁向成功的第一步，就是承擔起金錢責任，學習理財。

第3篇

我為什麼要學習理財？

兩個每月領取同樣多薪資的上班族，工作幾年後，由於兩人理財知識的差別，他們的經濟狀況可能完全不同。

懂得理財的人可以從投資獲得更多回報，學會理財就是學會讓錢為你工作。

理財有什麼可學的？不少人問過這個問題。我的回答是，關於理財，有很多東西可以學。你對理財愈有研究，工作就會愈輕鬆，這不是很棒嗎！那些不願意花時間去學習理財的人，不僅需要更辛苦地工作，而且賺到的錢還不夠滿足生活所需。

舉個例子來說，你買彩券中了五十萬謝克爾，這是一筆相當可觀的收入。假設你每月的開銷是兩千五百謝克爾，那麼這筆錢就夠你用兩百個月，也就是十六年又六個月。

聽起來還不錯吧！但你別忘了，十六年之後你的錢就花光啦。而懂得理財的人會讓這筆錢永遠花不完。你可以用這筆錢買一棟兩房的房子，再以每月兩千五百謝克爾的價格租出去。這樣一來，你保留了本金（你可以隨時賣掉房子把錢拿回來），而且只要不把房子賣掉，你就能每月收入兩千五百謝克爾。這筆收入將不只持續十六年，而是會持續至你生命的最後一天。

換句話說，你得到一隻母雞，你可以把它殺了做成雞排，也可以讓它從現在開始下蛋，然後將來得到更多的母雞和雞蛋。

有人會把錢存進銀行，賺取銀行支付的利息（關於利息的問題後面還會談到）。不懂理財的人只能透過投資獲得很少的回報，而懂得理財的人則可以從投資中獲得更多回報。對於薪資而言，道理一樣。兩個每月領取同樣多薪資的上班族，工作幾年之後，由於兩人理財知識的差別，他們的經濟狀況可能完全不同。

理財跟其他學科一樣重要

很多人在成年之後仍對家裡的經濟狀況一無所知。當他們逐漸長大並邁入經濟生活，對理財卻一竅不通。父母總是告訴孩子學習如何重要，關心他們的教育問題和人際關係，告訴他們有關戰爭和軍隊的事，擔心他們談戀愛，但是關於錢的問題，卻隻字不提。孩子們一天天長大，對金錢的認識卻是扭曲的。

其實很多大人也未必懂得理財，他們也常常在戴著神祕面紗的金錢世界裡暈頭轉向，還不好意思請教別人，怕別人嘲笑自己不懂理財。我寫這本書的目的既是為了這些大人，更是為了下一代的年輕人，要讓他們透徹地瞭解金錢的世界。

很多孩子不明白，為什麼父母買給自己這件東西而不買另外一件，他們不知道父母花錢有限制，以為父母不買只是因為自己是不乖。他們不明白不同的家庭存在著經濟差距。父母們總想把自己小時候缺失的東西全都給孩子，所以有時候會買給他們很多名牌衣服和昂貴的鞋子，這會讓孩子們以為父母花錢沒有限度，只要自己提出要求就可以得到。

因此，學習理財太重要了！必須把理財知識教給這些孩子和他們的父母，鼓勵他們依靠自己去賺錢，為自己設定目標，積極嘗試，去爭取成功、去經歷失敗、去賺錢、去賠錢。

父母要把每月的家庭收支情況告訴孩子，製作一張家庭收支明細表，向他們說明家裡出現的經濟問題，和他們一起思考如何解決這些問題，為家庭帶來收益。

要讓孩子們明白現實的經濟生活如何進行，向他們解釋什麼是抵押，什麼是貸款，鼓勵他們學習、閱讀相關書籍。父母也要聽聽孩子們的想法，別看他們年紀小，卻不乏一些奇思妙想，說不定還會有創意十足的好點子呢。

教會你的孩子理財

許多人沒日沒夜地拚命工作，日復一日，年復一年，努力地省錢，但就是不願意每週擠出一個小時學習讓錢為自己工作。從今天起，把「小孩子懂什麼錢不錢的」、「談錢是大人們的事」這樣的話從腦袋裡刪除，別再對孩子說「我們沒錢買這個或那個」，自己先學習理財，然後再教會你的孩子，和他們一起思考如何得到你們想要的東西，願意付出什麼代價，教導孩子們應該如何存錢才能達到他們給自己設定的目標。

從今天起，換一種思維方式，孩子也要和大人一起學習理財知識。我會指導你們如何確定目標和實現目標，並給予建議、支持和鼓勵。

許自己一個成功的機會吧，你們能做到的！把目標轉換成學習方法，讓學習方法指引你們獲得想要的東西。加油吧，竭盡全力！

第4篇 聰明購物的六大工具

商家總是擁有讓你的錢飛到他們口袋的能力，這讓他們變得愈來愈富有，而你愈來愈窮。

但是一旦你掌握了這些工具，成為聰明的消費者之後，將大大地削弱商家的能力。

在本書第一篇〈這是一場不能重來的金錢遊戲〉裡曾提到，每個人都想得到你口袋裡的錢，他們不在乎你是賺到的還是找到的，大家都想用他們的產品交換你的錢。很多人願意花錢購物或者享受服務，他們拿著白花花的鈔票去逛街，大量採購。他們之所以這麼做，大部分不是為了「需要」而買，而是為了「想要」而買。

其實也不能怪這些人缺乏理財知識，因為他們面對的是每年數以萬計的各式各樣的廣告。廣告商們承諾：只要你穿上某個品牌的衣服，或者使用新款的洗髮水，戴上某位知名演員戴過的同款手錶，你的人生從此就會不同。

這些大量廣告的目的就是要讓我們相信，只要購買了這些商品，我們的人生就會不一樣！可是在現實生活中，這是一個精心策劃的瞞天大騙局，唯一目的就是掏走你口袋裡的錢！

你們肯定會問：「有些商品和服務的確是生活必需品，如果不掏錢出來，我們就會餓死或者凍死，不是嗎？」

沒錯，人人都想要你的錢，但有的交易值得做，有的交易不值得做。也就是說，有些商品和服務值得我們用錢交換，而懂得理財的人能夠區分它們之間的差別，他們懂得分辨哪些交易值得做，也就是——什麼時候值得花錢，什麼時候不值得花錢。

這其實是一件很有意思的事情，學會理財，將會有助你了解：何時做的交易才明智，你要避免在購物幾天或幾周之後才發現是受了他人的引誘，花錢買了不該買的東西。

想要 vs. 需要

在本篇中，我會教大家一套檢驗交易值不值得的工具。等你們學會使用這套工具，就不會再上當受騙了。商家總是擁有讓你的錢飛到他們口袋的能力，這讓他們變得愈來愈富有，而你變得愈來愈窮。但是**一旦你學會這些工具，將大大地削弱商家的能力。**

能不能擔負起責任、能不能誠實地對待自己，是運用這套工具的重要關鍵。那些學會使用這套工具的人，經濟狀況都已經得到顯著改善，不僅如此，他們還成功地從輕信廣告而損失大筆金錢的困境中脫逃。

要知道，在數以萬計的廣告攻勢下，我們總會不自覺地把自己的錢交給別人。

這裡將要討論的重點是——問問自己「想要」還是「需要」。

有些東西是「需要」而購買，有些則是「想要」而購買。那些需要的東西，我們必須得買，而那些想要購買的東西，則可以等到經濟條件允許時再行購買，或者乾脆放棄。

你會發現，那些因為經濟條件不允許而放棄的東西，通常並不是你真正的需要。以一般家庭為例，食物必須購買，但是食物其實也有「想要」和「需要」的分別，繳納房產稅、水電費是必要，出國旅遊屬於想要，而非必要。

舉個例子，男孩和女孩晚上一起去看電影，必須購買的是電影票，可是不一定要買爆米花、飲料和巧克力。不少人都把「想要」和「需要」混為一談，結果就變成購買任何一切商品都是因為「想買」，而不是出於真正需要。

這世界上的商家們絕對是想把一切都賣給我們，但我們必須明白，檢驗交易可行性的這項工具（即區分「想要」和「需要」）能夠幫我們弄清楚哪些東西是我們需要的，並且協助我們正確地了解個人的消費能力。

在經濟上長盛不衰和屢遭失敗的人，他們之間的差別就在於能否做出明智的決定。為了做出明智選擇，購物之前必須適當地做決策。因為精明的消費者會根據自己的能力消費，而非根據自己的欲望。

為了在購買之前能做出明智決定，你可以先問自己幾個問題：

我必須買它嗎？

我買得起它嗎？

如果我不買會怎麼樣？

我能買到替代它，而且價格更便宜的產品嗎？

如果我的錢太少，我會買它嗎？

如果我有更多錢，我會買它嗎？

再過一個月、一年或者五年，我會如何看待這次購物？

為了買它，我需要放棄什麼？

它值得我放棄嗎？

這次購物在計畫之中還是臨時決定？

如果你在逛購物中心時偶然遇到了想買的東西，在買之前先問問自己這些問題，就能避免很多購物行為。為了幫助你理解這一點，你可以看看自己的衣櫃，你會發現很多衣服都是臨時起意導致的錯誤決策。這些錯誤帶來的金錢損失原本可以存在銀行裡為你賺取利息，而不是躺在衣櫃裡逐漸發霉。

購物前一定要使用的六大工具

當你在購買房產、汽車等大宗消費品之前，請使用下列工具檢視一遍，它們能幫你做出明智的決定：

一、目標設定

二、收集資料，做好規劃

三、成本效益比

四、制定時間表

五、執行

六、檢查和修正

目標設定

在購買大型商品例如電視機前，必須先設定目標，問問自己需要的是什麼。例如，如果要放在臥室，就不必買大螢幕；這台螢幕只用在看電視還是也想當電腦螢幕？只要目標明確之後，就可以進入下一步。

收集資料，做好規劃

為了讓購買更加明智，首先應該確定螢幕尺寸的需求，繼續以臥室用的電視螢幕為例，我們可以在網上查出有哪些可供選擇的產品、價格區間、各項技術、保固服務以及售後服務據點等資訊。

如果一個產品在全國只有三個售後服務據點，而且沒有一個在你住的城市中，萬一哪天需要維修時就變得很麻煩，你必須自己送產品過去，因此，售後服務據點這一點也需要列入考慮。

挑好產品之後，你應該閱讀產品技術和不同網站的使用評價，甚至可以去實體店面聽聽銷售人員的評價。

成本效益比

下一步是檢查成本效益比。也就是檢查這件商品的價格和它能帶來的效益。例如，你準備辦一場聚會，需要免洗餐具，就是在聚會結束後可以直接扔掉的那種，如此一來你就沒必要花太多錢購買餐盤，因為只會使用一次。

但是，如果你買的是一台電視，你就需要選擇一款兼具品質和售後服務雙重保障的產品，跟一次性產品比起來，一台可以用好幾年的電器值得你的重視。那些品質差的便宜貨可能用一年就壞了，到最後你會發現，雖然買的時候花的錢較少，但最終算起來反而花了更多的錢。

制定時間表

接下來是確定購買時間。有時想買的東西可能因為經濟原因，無法馬上買到，你的信用卡可能還有分期付款要還。當你準備用分期付款的方式購買大宗商品時，最好先查看一下何時才能還清之前欠款，然後再進行購買。

你也可以等到商家推出特惠活動或分期付款優惠時再出手。繼續以電視機為例，大型足球賽事前夕、節、假日前夕和年末都會有不少優惠活動，你可以選擇合適的時機購買，這樣能為你省下不少錢。

執行

確定購買產品和購買日期後，下一步就是執行。購買一定要循序漸進。記得索取發票，查看分期付款金額是否正確，是不是免息付款，能否當場提貨，拿到蓋章的保固卡並且按說明寄給經銷商，在購買的同時就要拿到說明書。

購買時心平氣和，不要著急。一旦著急，你很可能就會跳過以上重要步驟中的某一步，犯下嚴重錯誤。

檢查和修正

恭喜你購物成功！回顧整個購物過程，有無地方可以改進？有無做錯什麼？是不是還可以把價格降到更低？總結一下經驗，這會對你下一次購買有所幫助。

決策過程中的小建議

一、決定很重要，但不是每個決定都特別重要，學會區分哪些是為重要的購買行為所做的決定，沒必要為買一罐飲料而使用這套工具。

二、就算你想買的商品只值兩百謝克爾，別忘了雖然金額不大，但如果你的銀行帳戶已經透支，問問自己，是貸款買這件東西還是放棄購買，哪個選擇更明智？

三、記住，選擇的範圍其實很廣，不可能每次都能做出最佳選擇，你會發現同時間可能有好幾個不錯的選擇。如果你總是試圖做出最佳選擇，可能到最後什麼也做不成。**做一個好的決定就可以了，沒有必要非得找到最佳的決定不可。**

四、有時，我們會為購物找藉口而忽略事實。必須改掉這一點！**今天忽略掉的東西，明天會為你帶來更大的麻煩。**

五、沒人會為你操心你的金錢和消費問題，能解決問題的人只有你。要嘛你來解決問題，要嘛就只能維持原狀，甚至讓它愈來愈糟。

六、學著從容地消費。人們往往在走到商場門口時忘記要買的東西，而且一到付錢的時候又特別匆忙。

七、決定買了？再等一等，看看你是不是可以放棄購買。你看到特別心儀的東西嗎？先別買，再等一等，看看三天以後你是不是還對它感興趣。

八、犯錯是正常的，但同樣的錯誤犯兩次錯誤就不太正常了。

九、看看有沒有替代品。任何一件商品都有替代品，說不定也能滿足你的要求，而且還更便宜。

今天開始，你已經知道如何在購物前做出正確決定了。記住，一定要分清你是「需要」還是「想要」。如果是想要，那就問問自己能不能負擔這樣的開銷。

第5篇

小心，有人正悄悄地偷你的錢！

我們已經被包圍了。
廣播、電視、報紙、網路、街上的看板、信箱、手機、商店……
這些都在干擾我們的正常判斷。
我們就像半夜裡夢遊一樣地恍恍惚惚，不斷購買各類商品。

大多數人都認為逛賣場是為了買自己想要的商品。這種想法聽起來很合理，但在讀完本篇之後，你就知道它有多麼可笑了。儘管你覺得自己擁有自主權，凡事是自己的選擇，但事實正好相反，你其實像牽線木偶一樣被操縱和驅使著去購買。

你不信？我們一起去商場逛逛吧，準備好了嗎？

廣告，不是你想像的那樣

在你去購物中心或者上購物網站之前，有人已經開始對你洗腦了。是什麼激發了你的消費欲望？是因為必須購買嗎？是不是有人用巧妙的手段操縱著消費者的心理，把他們變成一台不斷花錢消費的購物機器？消費者是因為頭腦發昏才不停購物的嗎？他們是否未經深思熟慮就被驅使著去購買？他們自己的想法去哪裡了呢？他們會去哪裡買下一件商品？

全世界無時無刻都被各種消費暗示所包圍，這些資訊會促使你去購買，但你卻意識不到這一點。

每天晚上，電視播放的廣告都在消費者腦海植入各種想法，這些想法讓他們在第二天一早去購買廣告中的商品。早上報紙刊登的服裝廣告要消費者晚上下班後去購買更多的衣服。

照片裡的男人在遊艇上做日光浴，這樣的照片誘使男人們購買防曬霜、香煙或是威士忌；而一張女神照片則會誘使女人們去購買香水、內衣。一個網站上或者電子郵箱裡的小廣告可能瞬間成為你下一個購買目標。

甚至，像手機這樣私密的東西，也早已變成了祕密的廣告推銷員。

投降吧，我們已經被包圍了。廣播、電視、報紙、網路、街上的看板、飛機椅背上的雜誌、信箱、智慧型手機、商店……周圍的廣告都在干擾我們身邊每一個人的正常判斷能力，直接向我們的大腦定時發送資訊。

我們就像半夜裡夢遊一樣地恍恍惚惚，未經深思就不斷地購買各類商品。

其實這些行銷手法非常簡單，廣告商們往往在我們精神放鬆、精力不集中時抓住我們。例如，在看電視的時候、在黑暗的放映廳裡等電影開始的時候、在髮廊理髮的時候、甚至是在醫院排隊看病的時候。

他們正在操控你的大腦

當我們的大腦開始昏昏欲睡時，各種資訊一遍又一遍地不斷重複，直到我們以為這些就是自己需要的東西，迅速地去購買這些東西。**消費者們經歷了一個類似現場催眠的過程，他們會按照發送者的意願採納資訊並且執行它。**

這也太誇張了吧？

其實我們每個人都是這樣的消費者。看看你的周遭吧，打開你的衣櫃就會明白自己已經被催眠了多少次，多少次在不知不覺中被驅使去購買各種商品，因為你堅信這些東西是你正需要的。

要證實我們所有人都被催眠了有點困難，但根據我們每個人的經歷來看，事實確實如此。

也許你看的許多電影都讓你誤以為，催眠只會在睡著時進行，但實際上，催眠可以在你完全清醒的狀態下進行，你在被催眠的同時也可以感覺到身邊發生的事情。是的，你在看電視、翻雜誌、聽廣播時也可以被催眠。

如何解釋這個事實呢，例如，美國人喜歡在漢堡店吃各種油膩的食物，這導致他們得到各種疾病。難道他們沒有意識到這一點嗎？就算一個人、十個人、一千人甚至十萬人都沒有意識到自己在吃什麼，那幾千萬人都不知道嗎？而且這些人當中有醫生、教授、研究生、兒童、婦女、汽車黑手，有年輕人也有老人。

你想過這些人的共同點是什麼嗎？答案就是，他們在美國各地不斷被各式廣告催眠，不斷地被勸說去吃漢堡。

在法國或西班牙沒有那麼多的漢堡廣告，所以對漢堡的需求相對較小，但我相信如果追蹤那裡的媒體，一定會發現很多人會被催眠去購買別的商品。

你有沒有想過為什麼人們會突然放棄普通電視，轉而選擇電漿電視？為什麼又拋棄電漿電視，轉而選擇液晶電視？難道在新電視上看到的新聞不一樣？當然不是！是因為人們的大腦已經被控制了，才使得他們這麼做，而且他們相信自己會因此變得更新潮時尚，緊跟流行趨勢，但是實際上，你看到的電視節目並無任何改變，對嗎？

所以，當消費者處於慣性想法時，他們會被催眠資訊包圍，他們往往會因此受到影響，去做各種各樣的事。

假如沒有這個運行良好的催眠系統存在，我們就不會這麼做。

第6篇

要致富，先學會殺價

買和賣就像是一場遊戲，
只要你學會了遊戲規則，付出的代價就會更小。
如何說服賣家，讓自己花更少的錢買到想要的東西，
將是你一生中學到最賺錢的事情之一。

為了不讓自己上當受騙，你必須要知道，商品或服務的標價絕對只是初始價格，也就是說，如果你想去商店買電腦、褲子、香水或是電腦遊戲，你肯定可以用比標籤上更低的價格買到它。商品價格有幾個類別：

目錄價

這是商品價格中最高的一種。它出現在產品目錄上，門市老闆可以享受百分之幾十的折扣。精明的賣家會給你看目錄價格，試圖讓你相信你拿到了一個優惠價，但你要知道，傻瓜才會以目錄價格結帳。

標籤價

這是出現在商品上的價格。標籤價通常會比目錄價低一些，但仍然留給賣家足夠大的降價空間，因此還可以再獲得百分之幾到百分之幾十的優惠。

活動價

這個價格通常比標籤價還低。賣家很難再降價太多，不過還是能再優惠一點。

清倉價

通常這是賣家為了拋售商品而給出的最低價格。這已經很難再優惠了，不過也不妨嘗試再砍價看看。

特惠價

這是賣家為了讓你買下商品而專門給你的價格。這個價格通常出現在成交價達成之前的討價還價。

成交價

這是賣家願意與你達成交易的最終價格。很難再獲得額外的折扣，但你也可以再試試看。

在整個殺價過程中，最重要的一點是以禮相待，讓對方知道你誠心想買東西。如果你是年輕人，甚至可以給賣家看看你帶的現金或者信用卡，別讓他們以為你只是來搗亂的。不過遺憾的是，有不少賣家都這樣看待年輕人。

對於不同的人，賣家會給出不同的價格。一位陌生顧客來買可能是這個價格，而賣家親戚來買則是另一個價格。這意味著賣家擁有很大的調價空間，而你正好可以利用這一點為自己謀取福利。

殺價是一種談判技巧

你需要做的就是說服賣家用更低的價格賣給你。**說服其實是一種銷售技能，一種化敵為友、把反對者拉到自己陣營裡來的能力。**說服力可以在其他方面對你產生幫助，例如談判、與員工溝通、與供應商溝通等等。

說服理論包括幾個規則，我會在這本書當中一一介紹。記住這些規則，你會發現，它們將對你的生活和購物帶來很大幫助。

準備兩種以上說服方案

當你試圖說服一個人的時候，至少要準備兩套方案，因為第一次的嘗試可能會失敗。如果只準備了一套方案說服對方，卻遭到對方拒絕，在這種情況下，對方很可能會堅持自己的意見，如此一來就無法成功了。

事前做妥功課

事先確定好想要達到的目標。首先，自己必須明確這個目標，熟悉它的所有細節，然後才可能嘗試說服對方。

當你對細節瞭若指掌，就能更輕鬆地應付對方提出的疑問或是反對意見。查詢同一件商品在其他地方的價格，例如，網路上的售價是多少，你可以列印網路價格給賣家看，讓他知道你已經拿到什麼價格，說服他再給你更優惠的價格。

扮演對方的角色

說服過程當中，很重要的一點是站在對方角度上看問題。也就是說，試著進入賣家的角色，思考他會怎麼想。這樣，你就可以知道他反對的意見，然後提前準備回答內容。盡量減少對方的反對意見，這能幫助你削弱對方的反對力道。

要對方支持和採納你的想法，你可以先讓對方對你心存好感。例如，你可以誇獎賣家的專業，他自然會更喜歡你。當他開始和你想的一樣的時候，記得對他多加讚揚，這樣你就可以得到更多分數。

注意收看購物頻道，看看商家是如何行銷一件商品優點，如何用令人信任的方式展示產品各個細節。思考一下，如果你想獲得優惠，你要怎麼和賣家談。

提出可以放棄的要求

向對方提出一些其實可以放棄的要求，這樣會讓對方覺得自己也「成功」說服了你。比如，你本來可以用現金支付，但你卻提出想分期十次付款。在賣家同意你以某個價格分期付款後，你再問他：「如果我不用分期付款而是現金支付，你能給我更優惠的價格嗎？」

無論如何，始終要給對方留下一個良好印象。你要真誠地對他的協助表示感謝，這樣才能為你們下次的溝通打開方便之門，再想說服他時就會變得更加容易。

溝通是說服過程的重要部分。想讓你說的話更有說服力，你的表達一定要可信、公正、可靠。要用直截了當的方式說話，不要給對方留下任何疑問。要積極地說話，用合適的詞彙傳達資訊，不要讓人曲解。

討價還價其實就是一種談判。接下來你將學習如何在談判中正確地使用技巧，這將為你的購物乃至於生活帶來幫助。為了在談判中取勝，你必須嫻熟談判技巧，擁有豐富的談判經驗和知識。談判本身就是一門藝術，要想成功達到目的，你必須提前做好功課，學習和瞭解各種對你有幫助的方法。

殺價的祕訣

第一步，在你和賣家或買家進行談判之前，你要了解這次談判的目標是什麼，哪些是你在談判中可以放棄的條件。我們都知道，你不可能在談判中得到所有你想要的東西，但要盡全力爭取到更多。

如果你想拿到更低的折扣或是更優惠的分期付款，你要確定你想達到什麼目標。如果你正在和客戶談價錢（如果你是賣家），報價時就應該想到接下來即將面臨談判。在談判開始前，你必須清楚知道你想得到什麼、你的底線是什麼。

在你確定好「可放棄」和「想獲得」的內容之後，你要盡可能收集相關資料和資訊，例如產品情況、產品價格、同類產品、賣家情況、賣家劣勢，以及除了價格因素以外可能導致買家購買或放棄購買的因素。試著獲取所有可能對你有用的資訊，例如購買時間、債務情況、面臨的壓力等等。

在談判開始前，試著和對方輕鬆地閒聊。輕鬆的開場可以軟化對方的立場，使雙方更容易達成交易。

一般來說，大多數人談判失敗的原因在於缺乏談判知識和經驗。下面列出導致談判失敗幾個重要因素。記住它們，學會在下一次談判克服它們，給自己創造新的獲利機會。

導致殺價失敗的因素

- 作為賣家，出價時沒有考慮到接下來會有一連串的談判，直接把最低價報給了客戶，客戶認為這是談判的起始價。
- 當你希望對方給你五％的折扣時，如果你一開始就向對方提出五％的要求，討價還價之後，你將只能拿到三％的折扣。你應該先提十％的要求，這樣你最終就能拿到五％的折扣。
- 兩邊對自己、對方都沒有足夠的了解，不明白自己的上限和底線。

- 對方在談判某些環節「贏了」，或者對方沒有滿足你的某些要求，這都很正常。買賣交易也是這樣：如果你想分期十二次付款，賣家會嘗試說服你減少分期付款次數。你要記住，在談判中，對方也期望他的一部分要求能得到滿足，你應該對此有所準備，也要做出適當讓步。不要情緒化地堅守立場。
- 只顧著一直爭論，不仔細傾聽對方訴求。
- 談判中不傾聽對方陳述，沒有找出困擾他的原因和要求。沒有細心對待對方的需求。
- 爭論太多。爭論持續時間愈長，最終達成交易的可能性愈小。
- 使用威脅手段，這樣不僅不能嚇唬對方，反倒會讓對方更加堅定自己想法。

不妨換位思考一下，如果你是賣家，對方在談判過程中威脅你，你會怎麼辦？你肯定會全身緊張，啟動你的防禦機制和強烈的自尊心繼續談判。在這種情況下，你很可能會固守自己的立場，不讓威脅影響到你。

所以，如果你威脅對方，他的反應其實是一樣的。最重要的是，如果你決定採取這樣的策略，你一定要做好堅守自己立場的準備，因為如果你的威脅沒有奏效，對方沒被嚇到，而你又沒有台階可下，你反而會讓自己變得很可笑，而且將在之後的談判處於劣勢。

談判的情緒策略

你要小心因過分感性和情緒化而做出錯誤決定。記住，不要在交易過程中、尤其在談判時摻雜個人情緒。你的情緒在談判過程中沒有發揮任何功效，所以一定要在整個談判過程中忽視你的情緒。

恐懼會讓你崩潰，希望會讓你過於樂觀，憤怒可能讓你魯莽行事，仇恨會讓你失去理智，報復心理會使你關注談判中與金錢無關的東西，把對方當做壞人，這對於談判沒有任何幫助。因此你應該試著這麼做：

- 把你的理性、常識和直覺放入整個談判過程。
- 讓你的理性為你工作。冷靜而理性的考慮是你在談判桌上的最佳工具。再加上耐心和恆心，必將引領你走向最好的結果。

- 確保只和有決定權的人進行談判。例如，你和賣家的兒子進行談判，但是等他父親來了後，很可能徹底推翻你們已經談好的協議。要知道誰才是能做最後決定的人，只能和這樣的人談判，否則你就會發現自己是在浪費時間，只是在和無權簽協議的人進行徒勞的交流。
- 讀懂對方肢體語言。理解那些語言傳達的資訊是什麼，這些資訊如何對你產生幫助。
- 滿懷信心地談判，就算在談判初期覺得很難，也要相信自己一定能達到設定的目標。不要用自以為是的態度去談判，要相信你提出的交易意見是公平的，它既能滿足你的需求，對方也能從中獲利。在談判中，即使你有顧慮，也不要表露出來，展現你自信的一面。
- 記住，當你取得談判勝利時，別讓對方覺得自己是輸家。
- 要讓對方感覺良好，讓他知道你很欣賞他，在談判結束時讓他覺得是自己成功說服了你。給他鼓勵，不管他在談判中獲得了什麼，重要的是讓他離開談判桌時擁有一份好心情。

談判中的肢體語言

肢體語言是一種用於非言語交流的語言。顧名思義，肢體語言通過身體動作進行表達。它能夠提供大量有關對方的資訊，卻毋需開口詢問。舉例來說，你已經為一場重要商務談判做好充分準備，但如果你在談判時用手指敲打桌面或是不停玩弄手中的筆，對方立刻就能覺察到你的緊張情緒。這樣的小動作常常促使對方做出一些原本不會做出的決定。

因此，多認識肢體語言，就能多向對方傳達正面資訊，另一方面，你也可以根據對方的肢體語言更理解他的想法和感受。

下面的列表裡是每個人可能做出的動作以及它們代表的涵義。熟悉它，你就能獲得更多對方的資訊。

緊張、缺乏安全感和壓力大的表現

- 用手指敲打椅子或桌子。
- 強顏歡笑或者憤怒地笑。

- 疲軟無力地握手。
- 雙手交叉。
- 雙腿交叉。
- 說話時用手或別的東西遮住嘴。
- 手中玩弄著筆。
- 不停地抽煙。
- 東張西望。
- 肩膀傾斜、低頭。

接受和開放的表現

- 滿面笑容，發自內心的大笑。
- 放鬆的坐姿。
- 身體前傾，直視前方。
- 雙手打開。
- 傾聽。

不感興趣的表現

- 閉眼或半閉眼。
- 把頭靠在手上或椅子上。
- 東張西望。
- 雙腿交叉。
- 打哈欠。
- 眼神渙散。

過度自信的表現

- 雙手交握放在後腦勺，整個人向後靠。
- 直視。
- 仰頭。
- 眼神直接接觸。
- 筆直站立時雙手放在背後。
- 挺胸。

● 聲音洪亮。
● 視線停留。

防守的表現

● 雙手交叉。
● 低頭。
● 雙手握拳。
● 頻繁地眨眼。
● 坐姿僵硬。

這些只是肢體語言中的一部分。建議你好好研究肢體語言，當你下次再和別人面對面談判時，你就能讀懂他的肢體語言，捷足先登。

買和賣就像是一場遊戲。只要你學會了遊戲規則，付出的代價就會更小。當你出門購物時，不要覺得你是進入了戰場，要把這當成一場遊戲。提高自己的技能，不斷學習和探索，累積經驗。觀察一下商店裡發生的討價還價，你會發現，同一件商品，有人用全價購買，有人卻能減少百分之幾十的價格。買完東西以後，後者的錢包裡會剩下更多的錢。

實際上，如何說服賣家，讓自己花更少的錢買到想要的東西，將是你一生中學到的最賺錢的事情之一。

第7篇

逛街時當心處處是陷阱！

從走道長度到貨架高度、咖啡店設置、
在哪個位置能正好聞到烘烤麵包香，
所有的一切都經過了安排。
在逛街前，你需要學習和瞭解的第一件事情是——
所有的賣場都經過精心設計。

現在讓我們來談談逛街。

想像你正要去你最愛逛的購物中心，你可能從來沒有注意到，步行的人們會在購物中心入口改變走路速度。也就是說，他們以一定的速度走到購物中心，但在進入購物中心大門二十公尺之後，步行速度逐漸變慢。

這時候，人們開始放鬆下來，環顧各個商店。也因為如此，大部分人都不記得購物中心進門處的幾家店在賣什麼，因為他們通常會快速走過這些商店。

你還記得你逛過的購物中心進門處的第一家和第二家店賣的是什麼嗎？

凡你走過的，都經過精算

大多數人進入購物中心後都會向右轉。也就是說，你的購物行程將會沿著右邊的商店開始。這是因為人的大腦就是設計首選方向是右邊，所以購物中心的規劃者們事先就已經知道，你會往哪個方向走。

大部分的時尚精品店都會設在購物中心一層的中間位置。顧客走到那裡就是為了選購新款商品。暢銷品牌通常也被設置在那裡。大型連鎖店有權和購物中心老闆協商，要求老闆把他們的店面設在指定的位置。

不論冬夏，購物中心裡的溫度始終保持在攝氏二十三至二十四度。這樣的溫度讓身體感覺十分舒適，這樣就可以在購物中心逛得更久。恆溫的好處在於：不管室外是夏天還是冬天，只要待在購物中心裡面，你就會一直感覺很舒適，舒適到你不想離開。

購物中心的燈光也總是盡可能接近自然光，營造出自然光照射的感覺，這也是為什麼很多購物中心都建有一個玻璃屋頂的原因。當顧客能夠在購物中心裡看到外面的天空，或是享受到自然光照射的感覺，他們會願意在裡面待更長時間。偏暗的光線通常用來暗示顧客準備離開購物中心。

所有這一切都很重要，因為你在購物中心停留的時間愈長，你就有更多機會接觸到其他商品，就有機會買得更多。

購物中心裡每個商店的情況與光線都很類似，顧客同樣被各種裝置操控。快節奏的音樂會讓你更快地做出決定，燈光的強弱變換會讓你隨著設定好的節奏移動腳步。微弱的燈光會減緩你的移動速度，這樣你就會在某個地點逗留更長的時間。

超市的情況也是一樣。當我們推著購物車，帶著列好的購物清單進入超市，這時你就要注意了。你需要學習和瞭解的第一件事情是——所有大型連鎖超市都經過精心設計。

也就是說，超市老闆並不是隨便租了個場地，訂購好商品，然後隨意擺放。相反地，從走道長度到貨架高度，咖啡店的設置，顧客在哪個位置剛好能聞到正在烘烤的麵包香味，每個位置都經過精心算計，所有一切都經過了安排。

公開的祕密：牛奶和麵包，只是花錢的開始

其實，這些硬體設計和位置安排建立在多年研究基礎上。零售業有個公開的祕密，那就是所有顧客的購物清單上都有麵包、牛奶之類的基本生活用品。超市可以把牛奶冷藏櫃擺放在進門處，旁邊是麵包和報紙櫃檯，這樣顧客就能以最快的速度買完東西。但是，商家的目的並不是這個。

眾所周知，顧客在特定地方停留的時間愈長，他購買更多商品的機率就會更高。也就是說，顧客在商店裡停留時間的長短和結帳時的帳單長短成正比。

正是這個原因，超市牛奶冷藏櫃和麵包貨架永遠都在最裡面的位置，而且為了

不讓這兩個櫃檯同時出現，他們還被放置在超市的兩端。把牛奶冷藏櫃移到超市的最右邊，麵包櫃檯移到最左邊，這樣一來，顧客走的路程和停留的時間就延長了，最後結帳時的帳單長度也增加了。

而且，在買齊這些基本生活用品的過程中，你會經過不少精美商品，在你遇到這些精緻的商品之前，你根本不知道自己需要它們。顧客只要每走一步，都會有新鮮的發現。

就算你抵達了最終目標，買到了購物清單上的麵包。（購買它也不是件容易的事）你會發現，曾被移到外面的烘培爐，現在卻被刻意挪進來，烘烤中的麵包香味撲鼻而來，讓你立刻產生饑餓感，你饞得直流口水。人在飢餓的時候就想買更多的東西。黑麵包？白麵包？法棍麵包？全麥麵包？還是切片吐司？

你實在是太餓了，麵包的香味讓人無法抵擋，你簡直想要一邊啃著法棍一邊逛超市。那就再買點法棍和吐司吧，它們看起來太誘人了。可是，你不是原本只打算花四謝克爾買一個麵包嗎？最終你卻買了一堆麵包，花了十六謝克爾，甚至更多的錢。而我說的還只是麵包這一項商品。

超市經營者事先設計好消費者在超市裡的購物路線。我們還以為是自己自由選

擇之下的路線，但實際上我們有計畫地被引導沿著各個貨架行走，例如熟食區、乳酪區、香腸和肉品區。要經過這些商品區，再走到牛奶冷藏櫃和麵包貨架，我們需要穿過整個超市。

我們在沿途會遇到很多的商品，它們在貨架上向我們招手，要我們選擇它們。而我們也沒有讓它們失望，因為我們往往會在購物中做出很多臨時決定，我們會伸手拿一些購物清單中沒有列出的商品，把它們放進購物車裡。

為了維持正常生活，每個人都需要去超市買東西。但超市的設計者毋須對我們說一句話，就能成功地從我們口袋裡偷走我們的錢，誘使我們不停地買自己不需要的商品。反觀他們只需要好好地展示商品，讓它們變得引人注目、吸引力十足，我們就會乖乖地將商品放入購物車。

全家出動，花費更多

超市還將目光對準了家庭式購物。全家一起出動的購物讓每週一次的採購成為家庭娛樂方式，產生的花費比父母其中一人單獨購物所產生的費用要高出許多。

當全家人一起逛超市的時候，每一條行走路線上都會多出幾雙眼睛尋找自己視線範圍內能看到的商品。

兒童用品、甜食和糖果總是被放置在與小孩視線齊平的位置，好用來吸引他們從貨架上拿取更多東西放進購物車。

利潤最高的商品永遠放在與父母視線齊平的貨架上，利潤較低的則被放在更高或者更低的貨架上。

像塑膠杯子這種微薄利潤的產品，超市沒必要勸你買。如果需要，你就會買，如果不需要，就算放在與視線齊平的位置，你也不會買。

但玉米片就不一樣了，超市肯定會勸你買，儘管你家裡那包還沒吃完。除此以外，商品尺寸也有講究。超市設計者會將大箱的飲料和大包的衛生紙遠離超市入口，避免購物車迅速被填滿，他們不想讓顧客太快結束購物。

假如你往購物車裡放兩箱飲料，你的購物車很快就被裝滿了，從心理學角度來看，這會降低你購買其他商品的欲望。因為當你看著一輛滿載商品的購物車時，你可能會對自己說：「哇，我已經買了這麼多東西了。」

結帳前也有陷阱

當你逛完超市，推著裝滿商品的購物車等待結帳時，你會碰到一些並非你真正需要的東西。不過，因為等著結帳的時候實在太無聊了，所以你會購買它們。這些商品被稱為「收銀台商品」，它們屬於另一種衝動性消費，例如口香糖、雜誌、冷飲、巧克力、刮鬍刀、電池等等。

在等待結帳時，你很可能伸手拿取其中的一件，放進購物車裡。如果你認為此刻已經完成了購物，那你就錯了。在結帳快要結束時，收銀員還會問你一個神奇的問題：「需要優惠產品嗎？」如果你回答「需要」，那麼你的帳單裡將會再添加一個或兩個優惠產品。

看到了嗎，在沒有推銷人員的情況下，超市只需合理地安排櫃檯和貨架的陳列，就能製造一個完整自動化系統，讓他們可以利用顧客弱點，讓購物車在停下的瞬間賣出某件商品。

在銷售主題貨架前，一位想買茉莉花茶的顧客，可能會再買一些新綠茶和紅糖；一位想買嬰兒尿布的顧客，可能因為優惠活動再花四十一謝克爾購買嬰兒潤膚乳液和濕紙巾，因為這樣一來他就可以免費得到一瓶嬰兒洗髮乳；對於只想買吧嗒餅的顧客來說，其他剛出爐的熱騰騰的肉餅或者蔬菜餡餅的香味，同樣也能讓他們垂涎三尺。

現在明白了吧，你以為是你自己想買的？其實是超市誘使你購買。

陷阱無所不在

銷售是一門非常巧妙的技術，類似超市的例子無處不在。你逛牛仔褲商店時，店裡播放著節奏明快的音樂，好像在對你說：「快來吧，這就是你買東西的地方，加入我們的聚會吧，你找對地方了！」老練的店員會向你介紹一條又一條的牛仔褲，讓你試穿，然後不停地誇獎你說：「這條褲子你穿太合身了。」此時，另一位店員也會過來幫忙。你已經試穿了六條褲子，他們的服務太周到，你都開始覺得不好意思了，可能你本來並沒打算要買，但他們的銷售手段卻十分奏效……，最終，你提著購物袋走出商店，裡頭裝著一堆昂貴的牛仔褲。

就算是賣冰淇淋，店員也有一套銷售策略。

你站在櫃檯前，熱情銷售人員會請你嘗嘗比利時巧克力口味、提拉米蘇口味、百香果口味。吃完後，你只好決定買了，因為你已經吃了人家三杓冰淇淋，你覺得很不好意思。

接著，訓練有素的銷售人員會讓你掉進他預設的圈套裡，他會問你：「您要兩球還是三球啊？」你本來只想要一球，現在卻只能回答：「兩球吧」，因為這是兩個選擇中較為便宜的一個……

那就好好享受美食吧！恭喜你又上當了。

第8篇 一枚硬幣的智慧

一塊錢就是一塊錢，不管它來自哪裡，都應該尊重它。
你對待金錢的態度將會決定你未來的經濟狀況。
當你用同樣的態度對待每一枚硬幣時，
你就不會再犯愚蠢的錯誤，而是成為一個真正的聰明人。

奇怪的事情總是在腦海中發生。不知為何，同樣金額的錢，我們的處理態度卻大不同。很多時候我們都視情況處理，而非視金額處理。這讓我們浪費了大量的金錢，只是因為這些錢得來容易。

舉個例子，你花五十謝克爾買了一張彩券，第二天你回到彩券行，發現自己中了一千謝克爾。不過這次沒人中頭獎，所以頭獎獎金提高到了一千萬謝克爾。這時，你肯定會立刻再花一百謝克爾或是更多錢買彩券，但等到第二天再回來的時候，你會發現自己一分錢也沒中。

在大多數情況下，如果你這次購買的彩券沒有中獎，那麼你下次購買彩券花的錢就會比這次更少。順便說一句，根據統計資料顯示，去彩券行途中發生車禍的機率比中頭獎的機率還要高出好幾倍。

結論就是：意外的橫財只會助長奢靡，不會讓人富有。

輕鬆得來的錢，不會珍惜

還是剛才的例子：你發現自己中了一千謝克爾，就去彩券行領取獎金，然後你口袋裡會有九百謝克爾的現金（因為你花了比之前高出一倍的金額購買了新的彩券）。在回家的路上，你先是走進自己喜歡的唱片行，用口袋裡的錢買了三四張唱片，接著你又買了堅果和一些平時覺得太貴的東西。一天下來，甚至就在當天，你逛完幾家商店以後，你中獎得來的一千謝克爾就已所剩無幾。

現在設想一下，假如你收到一封從銀行寄來的信，告訴你今年可以拿到一千謝克爾的存款利息，你會很快花掉這一千謝克爾嗎？肯定不會！

這是怎麼回事呢？在這兩種情況下，你得到都是一千謝克爾，但你對待這筆錢的態度卻完全不同。

想像一下，如果你發現自己的房子升值了一萬謝克爾，你會因為賺了錢而馬上購物嗎，你會不會在當天就大肆血拼呢？如果你當天買的彩券中了一萬謝克爾，你又會怎麼處理這筆錢呢？你肯定會在幾周之內把這筆錢花得一乾二淨。

現在明白了吧，雖然你一直認為人會理智地對待金錢，但這只是片面的想法。如果你意識到自己處理金錢的問題時存在「缺陷」，那麼你已經向前邁進了一步，你只需要用適合的工具修補這個缺陷。

關於這些工具，書中第七篇〈逛街時當心處處是陷阱！〉已介紹其中一部分，剩下的部分接下來會再提到。

尊重每一枚硬幣

要想修復這個缺陷，最重要的一點就是：改變你對於來自工作以外的錢財的看法。對於你得到的每一筆錢（包括禮物、獎金、投資回報、退稅等），要當做是努力工作所得，這樣你才能更妥善地管理它、使用它。

你要清楚，無論在什麼情況下，一塊錢就是一塊錢，不管它來自哪裡，都應該尊重它。你對待金錢的態度將會決定你未來的經濟狀況。如何對待工作以外的收益，將決定你日後的生活是寬裕還是拮据。為了讓你在將來有一個良好的經濟基礎，你最好盡快修正自己對金錢的態度。

如果你想用別的方法，正確地對待那些工作之外的錢，那麼請為自己設定一條鐵律：在接下來的八周裡不要使用這筆錢。如果你把這筆錢放進銀行存了八個星期，你就會慢慢適應擁有這筆錢，想要立即花光的衝動就會逐漸消失。

還有一點，認真地對待每一筆開支，就算支出的是一筆小錢。

當你花費一百五十萬謝克爾買下一棟房子時，五萬謝克爾感覺起來好像就變成了小錢。我們都知道，樓層升高，房屋價格也會貴幾萬謝克爾。當你花一百五十萬謝克爾買了一棟四樓的房子，你就會覺得多花五萬謝克爾去換六樓的房子並不貴，因為比起一百五十萬謝克爾來說，五萬謝克爾只是一筆小數目。

但是，這其實是一大筆錢，你可以用它來重新裝修一次廚房，或是提升整個房子的裝修水準。你必須認真對待每一筆開銷，不要把它跟買房支出比較，因為把它跟房價相比，只是你安慰自己的說法而已，甚至是別人給你設下的陷阱。

不要拿這五萬謝克爾和房屋總價相比，而是要拿去和你的薪資相比，問問自己：「我得工作多少天才能賺到這筆錢？」

當你用同樣的態度去對待每一枚硬幣時，你就不會再犯愚蠢的錯誤了，而是成為一個真正的聰明人。

第9篇 別犯了最大的錯誤：入不敷出

花錢不必考慮後果的第一感覺的確很爽快。

你會想：「我終於可以購買任何我想要的東西了。」

但這種感覺很快會被陷入經濟危機的窘迫感所取代。

赤字、透支、帳戶異常——這都是犯了入不敷出的錯誤。有些成年人因為長久以來處於這樣的經濟狀況，因而毀掉一生。

那麼這一切是怎麼發生的呢？

我們都會把賺來的錢存進銀行，相較把錢放在家裡，存進銀行更方便也更安全。一旦把錢存進銀行，就不必擔心有小偷來家裡偷錢，也不必擔心火災或者水災會毀損錢幣。

所以，手中有多餘現金的人最好去銀行開個帳戶（接下來我會教你們如何開戶）。要想使用存在銀行裡的錢，銀行為我們提供了以下幾種方式：

一、支票：一種特殊的票據，可以在上面寫下想要支取的金額。
二、信用卡：一種用於支付的特製塑膠卡片。
三、銀行轉帳：讓銀行工作人員將帳戶上的錢移到別處。
四、透過銀行自動提款機或直接在銀行櫃檯領取現金。
五、授權自動扣款：按照付款人和銀行約定的週期，例如每個月或每兩個月，銀行從付款人帳戶直接扣除費用，例如水電費等。

以上這些都是付款方式和付款手段，在後面章節還會再更詳細介紹。

我們一邊把錢存入銀行帳戶，也一邊從銀行帳戶提款。不懂理財的人通常提的比存的多。例如，每月薪資進帳五千謝克爾，但卻花了六千謝克爾。這時就出現了異常──帳戶赤字，也就是說，月底時我們會欠銀行一千謝克爾。下個月的五千謝克爾薪資一進帳，就會變成四千謝克爾，因為銀行會馬上拿走這筆錢。

如果我們又像上個月一樣購買六千謝克爾的東西，那麼到月底時我們就會欠銀行兩千謝克爾。假如一直持續下去，五個月後，我們就會欠銀行五千謝克爾，到那時，銀行不會再讓我們提錢出來。這樣一來，我們就不得不透過其他管道尋找資金，例如向朋友、家人或者地下錢莊借錢。這樣的惡性循環將使我們負債累累，被一大群債主追債卻無力償還。

有一句話用在這裡很合適，那就是「三思而後行」。花錢不必考慮後果的最初感覺的確很爽快，你會想，「我終於可以購買任何我想要的東西了」，但這種感覺很快地會被陷入經濟危機的窘迫感取代。

總之，請記住──不要入不敷出。**有錢就買，沒錢就別買。**

第10篇

預算能建立經濟新秩序

做預算可能不方便，但絕對是個正確的選擇。
未來會向你證明：
根據預算行事的人，會比不按個人預算行事的人更快達到目標，
後者的日子通常會愈過愈糟，賺的錢永遠拿來還債。

當感覺到某樣東西始終不夠用時，就必須開始提前規劃如何妥善使用。例如，降雨較少的時候，政府預計未來將會缺水，於是便告知公眾節約用水、不要浪費。夏天使用冷氣的頻率較高，電力公司預計未來供電量將會不夠，於是告知公眾節約用電，並提供一些節電小妙招，要求大家在特定時段不要使用某些電器。也就是說，當某種資源出現短缺時，就必須對其合理管理，對於金錢也是如此。

為了能夠合理地用錢，我們需要做一個好的預算。

什麼是個人預算

個人預算是根據未來定期收入和支出的資金使用計畫。例如，如果一個孩子每月從父母那裡得到八百謝克爾，這意味著他每月可使用的預算就是八百謝克爾，因為這是他唯一的收入。如果這個孩子每月打工賺得五百謝克爾，那麼他每月的預算將由兩部分組成：父母給他的八百謝克爾零用錢和打工的五百謝克爾薪資，也就是一千三百謝克爾。

請注意，個人預算只針對個人而言，並非家庭預算或者夫妻預算。

管理個人預算其實並不複雜，只是一些基礎的數學算式，我們每個人都能輕鬆掌握。想管理好你的個人預算，你需要做到以下七件事：

一、清楚自己每月的收入數字。
二、瞭解自己的收入來源有哪些。
三、根據上幾個月的支出狀況，掌握自己每月的支出數字。
四、瞭解什麼是衝動購物，以及它如何破壞自己控制預算的能力。
五、對大宗購物進行規劃。
六、準備優先順序清單。
七、弄懂為什麼人們不喜歡做預算。

清楚自己每月的收入數字

人人都需要預算，預算可以告訴我們每個月能夠支出多少錢。

如果一家公司每個月賺十萬謝克爾，卻支出二十萬謝克爾，那麼它很快就會倒閉，而且公司老闆很快會被告上法庭。這很明顯：支出不能高於收入。

當你透支錢包的時候，你要為使用不屬於自己的錢，多支付一項利息，這表示你花掉的其實是你未來的錢；這意味著你將現在的快樂建立在未來的痛苦之上。我們之所以要做預算，目的就是不要支出我們現在沒有的錢。

為了讓你更直接地瞭解這一點，來假設一個狀況，假如你要獨自去沙漠地區待上一周，你隨身帶了十四升水，那麼你的用水預算就是每天兩升水，包括飲用、煮飯和洗澡。這是你每日的用水預算。

如果第一天你用四升水，第二天用五升水，第三天用三升水，第四天再用三升水，那麼你第五天、第六天和第七天就沒水可用了，對於還在沙漠中的你來說，這將會是個災難。

但是，如果你事先就意識到要用這十四升水度過七天，你就會確切地認知到自己每天的用水限額，並且制定一個用水計畫，這樣才可能輕鬆地度過這七天。

再回到個人預算的話題上，為了讓你的經濟狀況穩定，每個月都能順利度過，你必須清楚自己每個月有多少收入。

如果一個年輕人每個月得到六百謝克爾的零用錢，那麼這就是他每月可以支出的全部金額。如果你在部隊當兵，每月有四百謝克爾的軍隊補貼，再加上父母給你的六百謝克爾，那麼你每月的總收入就是一千謝克爾。假如你每個月有五千謝克爾的薪資收入，這就是你每月可支出的金額。

在上述三種情況下，不管你的年齡大小，你每個月的預算固定，你不能超出這個預算，因為一旦超過就會影響到下個月的收入和支出，直到某一天你沒錢可花，就像那個在沙漠裡用水的故事一樣，你在旅行的第四天就已經用光了所有的水，那麼你很有可能會在沙漠裡渴死。

當你清楚知道了自己每個月的收入水準之後，就可以進入到下一步了。

瞭解自己的收入來源有哪些

收入，也就是你能存入多少錢到銀行，大部分有以下幾個來源：

一、薪資，也就是工作得到的報酬，是雇主或用人單位對你的勞動所支付的報酬，這筆錢會存入你的銀行帳戶。

二、傭金，擔任交易雙方的仲介人得到的收入。房地產仲介或汽車仲介通過撮合買家和賣家獲取收入。要注意，賣家本來就有出售的意圖，買家也有購買的需求，仲介人要做的是為買賣雙方提供仲介服務，從中獲得傭金。

三、福利，當你在一些特定的地方工作，你可以拿到等同於金錢的福利。例如，電力公司的老員工只需支付一部分的電費，每月可以少支付五百謝克爾，等同獲得了五百謝克爾的福利。雖然他們沒有領到現金，但如果沒有這項福利，他們就必須支付同樣多的錢。許多公司職員都享有各種福利，例如提供的優惠和各種贈禮，像演出門票、免費機票、公務用車等等。

四、獎金，在工作時間之外繼續工作獲得的加班費，隨著上班時間而提高的加班津貼，以及因出色完成工作專案而獲得額外的獎勵等等。

五、擔任合夥人得到的收入。不少人利用自己多年的積蓄投資了某個生意，例如咖啡廳。他們雖然不在那裡工作，但他們投入金錢，是店家的合夥人。每過一段時間，他們都可以從盈利中分得一部分紅利。一般來說，當一個有錢人碰到一個有好主意的人時，他們的合作可以促成一個成功的生意。

六、金融投資所取得的收入。投資者把錢存進銀行或投入到金融市場，在一段時間內得到豐厚的回報，這樣的收入可能是每日，也可能是每月或每年。

七、遺產。當一位家庭成員不幸去世，有時會將自己的財產給與家人和子孫。大多數情況下，遺產會在關係親近的家庭成員中間進行分配。

八、出租房產取得的收入。這是一筆可觀且穩定的收入。自己購買房產或從遺產分得房產的人出租房子，並從中享受每月數千謝克爾的收入。

根據幾個月的支出狀況，掌握自己每月的支出數字

我們繼續以沙漠用水的故事為例，你每月支出多少錢就像你每天能用多少水一樣。你的支出應該是根據自己的需要，為維持正常生活而購買商品和服務。

支出可以分為兩類：固定支出和可變支出。

固定支出就是你每個月固定需要支付的費用。例如手機話費、上學或上班的交通費、油錢和車子保險費、大學學費、寵物的飼料、銀行貸款。這些都屬於固定支出，也就是你每月必須支出的金額。

可變支出是指不固定的支出，可能是一年支出一次，也可能是三個月支出一次。例如，去看一場你喜歡的歌手的演唱會，去餐廳吃一頓飯，買一瓶新的香水，買一台新的咖啡機或者一件新襯衫。

仔細看看以上這兩類支出，你會發現，固定支出幾乎無法改變，因為這部分支出不可缺少，有些甚至是維持正常生活必需品。例如，放棄使用手機幾乎不可能，

但是倒是可以減少每月手機費（接下來會詳細談到這一點）。如果你的學校或上班地點距離住的地方很遠，那麼你就無法步行到達，必須自己開車或者乘坐大眾交通工具。如果你養了寵物，你就不可能不餵它……

但是，可變支出卻很容易放棄。你必須要還房貸、車貸，但不必一定要買新襯衫；你必須要交學費，但不必一定得去餐廳吃飯；你必須要買上班所需的公車月票，但你可以選擇不看演唱會，因為現在的你負擔不了。

瞭解什麼是衝動購物，以及它如何破壞自己控制預算的能力

如果你每月從父母那裡得到一千謝克爾零用錢，自己打工再賺一千五百謝克爾，那麼你的月收入就是兩千五百謝克爾。這樣的話，你能夠負擔的每月最高支出也就是兩千五百謝克爾。不過，你應該再盡量減少支出，節省一部分錢存著，以備不時之需。

讓我們回過頭再看看你的固定支出列表，算算這些支出到底有多少。

一、手機話費：三百五十謝克爾。

二、上學或上班交通費、油錢和汽車保險費：五百謝克爾。
三、大學學費：六百五十謝克爾。
四、寵物飼料：一百二十謝克爾。
五、銀行貸款：四百謝克爾。

你的固定支出總金額是兩千零二十謝克爾，可由自己支配的金額只剩四百八十謝克爾……

為了掌控好個人預算，你一定要避免衝動購物，避開那些隨機的購物行為，例如買衣服、珠寶和其他奢侈品，所有那些在購物中心閒逛時衝動買下的東西。

衝動購物通常在誘導下進行。（你可以在第五篇和第七篇中瞭解相關內容和行銷方式）。衝動購物會破壞正常個人預算，讓你欠債，如果你使用的是信用卡，那麼你就要一年又一年地為你所買下的商品償還本金和利息，而這些商品，你可能已經完全忘記自己買過它們，因為它們只不過在那一瞬間吸引過你。

想要讓你的財務收支正常運轉，你只需要將固定支出盡量等同收入，並確保可以依照負擔能力，將剩下的收入有效地運用在可變支出上。

個人預算通常以下兩種方式增加：

一、放棄一些開銷以減少支出。

二、增加收入，例如再做一份工作。

對大宗購物進行規劃

除了衝動購物之外，大宗購物或大額支出也會影響你的個人財務規劃。我學開車時，駕訓班教練告訴過我，一名優良的駕駛能觀察到五十公尺以外路上發生的事，而不是只顧著盯自己的車頭保險桿。

管理個人預算時，那些能夠妥善管理個人預算的人，就能妥善規劃自己的將來。如果你想出國旅遊、購買昂貴的電器或是換一輛新車，你必須要提前做準備。如果想出國旅遊，你就要每月存一點錢，等你開始旅遊時手上才有足夠的錢；想換一輛新車，你就要提前做好充分的經濟準備，以免給自己帶來不必要的經濟壓力。

就像為了一場精彩的即興演講必須提前做許多準備工作一樣，為了輕鬆順利地進行大額支出，你也必須預留出足夠的時間提前做準備。

即使你目前並沒有大額支出專案，但你遲早會有這一天，只是時間問題。所以，你最好堅持存錢，為將來可能出現的大額支出累積一筆資金。

準備優先順序清單

管理好個人預算的最後一個重要事項，你需要準備一份優先順序清單。你必須明白，無論你賺多少錢，你永遠都會覺得自己缺錢花。有人可能缺錢去餐廳吃飯，有人可能缺錢升級遊艇。人的本性就是如此，我們總是想要更多的東西，不管自己有沒有錢。

那麼，解決這個問題的訣竅就是（尤其當你買不起奢侈品時），準備一張優先順序清單。**生活必需品永遠要排在那些可以放棄的消費品之前。**

你可以做一份自己特別想買的商品清單。先不要著急下手買，過一段時間，當經濟條件允許時，再看看那張清單，你會發現自己對清單內的物品已經不如之前那樣渴望了。

所以，不要讓自己背負債務，不要為購買奢侈品而貸款，因此花好幾個月甚至幾年時間償還貸款。盡量不擴充你的固定支出列表，即使要擴充，也要等你有了新的收入來源之後再說。

弄懂為什麼人們不喜歡做預算

人們通常都不喜歡做預算。剛開始做預算時，大家覺得它帶來很大壓力，所以對它產生反感，但後來，人們會慶幸自己做了這個選擇。預算會限制你花錢去購買那些可有可無的東西。一旦即將達到你的預算限額，你會知道自己馬上就要透支了，必須要停止開支。

就像你必須定期去醫院做體檢一樣。雖然你不喜歡做，但你知道這對你有好處。**當檢查結果顯示一切正常，你會慶幸自己做了這次檢查。**

其實，不做預算的生活就是一種自欺欺人的生活，你自己向自己隱瞞真相，可能剛開始會過得很舒服，就像那些只知道吃進食物的肥胖人士，他們從不計算食物的熱量。如果他們肯為自己設定每日攝入卡路里的限制，他們的身體會和現在完全不一樣。

做預算可能不是很方便，但卻一定是個正確的選擇。在不久的將來，你會為自己成功地進入到理財世界而感到高興。

個人預算讓你踏入正確的經濟軌道，有效控制自己的財務狀況。未來會向你證明：根據個人預算行事的人，會比那些不按個人預算行事的人更快達到目標，後者的日子通常會愈過愈糟，他們賺的錢永遠拿來還債。

請先記得，當個人預算出現問題時，要嘛賺更多的錢，要嘛大幅度減少開銷。

第11篇

開個銀行帳戶吧！

只要是用錢的人都會和銀行打交道。
我們每個人都會有一個銀行帳戶，這是遲早的事。
銀行也會向存錢的人支付利息，所以如果你有了一點錢，
為什麼不讓這筆錢在你睡覺的時候為你工作呢？

只要是用錢的人都會和銀行打交道。大多數上班族的薪資都不是現金發放，而是通過銀行轉帳。退休人員的退休俸也是透過銀行發放。人們可以通過銀行帳戶支付各種費用，例如電費、水費、瓦斯費，還可以領取現金。人們通常會把現在不急著用的大筆款項存入銀行。

例如，一個人得到一筆一百萬謝克爾的遺產，但他目前不需要購買任何東西，那麼他一定會把這筆錢存進銀行，而不是放在家裡。

不少人賺的錢比他們維持正常生活所需的錢多，所以他們的銀行帳戶每個月都會有結餘。如果一個人每月賺三萬謝克爾，維持他設定的生活水準需要每月兩萬謝克爾，那麼一年下來，存在銀行帳戶裡的錢就是十二萬謝克爾。

此外，銀行還可以借錢給個人，一是因為商業銀行裡存有大量貨幣，另外，商業銀行還可以從中央銀行獲得大筆貸款資金，這樣一來，那些手裡沒錢但又急需用錢的人就會去找銀行。中央銀行是國家的金融機構，例如以色列銀行，其職能是制定金融規則以及所有和錢相關的問題做出決策。

一位購房者想購買一百萬謝克爾的公寓，大多數情況下，這樣的購房者無法一次支付所有房款，他們會去銀行申請貸款。有一些低收入者，他們賺的錢還不夠維持正常生活，他們也會向銀行申請貸款。經商者想開拓新業務或者擴大現有業務，但由於資金一時周轉不過來，他們同樣需要向銀行申請貸款。

也就是說，一方有大量資金躺在銀行裡，另一方有需要用錢的人，可以滿足雙方要求的條件就這樣出現了。擁有資金的人可以透過銀行把錢貸款給那些需要用錢的人，後者為這項服務支付一定費用，銀行作為仲介方也收取一定費用。那麼這到底如何運作？請看下面的例子：

謝克先生在銀行存了一百萬謝克爾，存款期限是一年。銀行向謝克先生介紹，存滿一年獲得的利息是總金額的五%。也就是說，謝克先生在銀行存一百萬謝克爾，一年之後拿回一百零五萬謝克爾。這多出來的五%就被稱作「利息」。

艾威先生想要新開一家知名連鎖咖啡店，於是跟銀行申請貸款。根據艾威和他的會計師估算，新咖啡店能夠在經營一年之後開始盈利，那樣他就能把之前借的錢還給銀行。銀行提出的條件是：你現在就可以得到一百萬謝克爾的貸款，但一年後須歸還本金以及七%的利息，也就是一百萬謝克爾加上七萬謝克爾。

在這筆交易中，銀行給出的貸款利率是七%。如果艾威同意貸款，一年之後就需要還銀行一百零七萬謝克爾，而銀行需要歸還給謝克先生當初存在銀行裡的一百萬謝克爾，再加上五萬謝克爾的利息，最後，銀行手中還剩下二%的傭金（從艾威那裡收取七%，歸還給謝克五%），也就是兩萬謝克爾，這就是銀行提供服務所賺取的利潤。

也就是說，銀行在有錢的人和沒錢的人之間做仲介，並收取服務費。這裡我們學到了「錢可以生錢」的道理，誰手裡有錢，誰就可以把錢存在銀行獲取利息，既保證安全又能盈利。

以色列有以下幾種類型的銀行：中央銀行——以色列銀行、商業銀行、抵押貸款銀行。

中央銀行——以色列銀行❸

以色列銀行實際上是國家銀行，它有幾項職責：

一、做為國家的銀行。

二、管理國家的外匯。

三、在各項經濟議題上為國家提供建議。

四、監督管理國家的銀行系統。
五、根據需求發行貨幣。
六、根據中央銀行規定的貨幣政策，向商業銀行發放貸款。
七、監管存入商業銀行的存款。
八、在世界上擔任國家的經濟代表。
九、穩定市場物價。
十、統一向商業銀行發放貸款的基準利率。

商業銀行❹

商業銀行是以色列公民最常使用的銀行，例如以色列的工人銀行、國民銀行、折扣銀行、士兵銀行、東方銀行等等。這些銀行有幾個功能：

一、保護儲戶的資金安全。

❸台灣的中央銀行全名為「中華民國中央銀行」，隸屬於行政院管轄，功能與以色列的中央銀行相同。
❹台灣的商業銀行有第一商業銀行、華南商業銀行、國泰世華商業銀行、元大商業銀行等數十家。

二、發放貸款。
三、管理個人和企業的活期帳戶。
四、管理儲戶存在銀行裡的存款。
五、提供各種支付方式，如簽發支票或使用信用卡。
六、外幣兌換。
七、國內外銀行之間的安全轉帳。
八、允許銀行客戶進入資本市場交易。

抵押貸款銀行

抵押貸款銀行一般是商業銀行下設的專業機構，其主要業務是為購買房屋、土地、建築物等不動產提供短期和長期貸款。

中央銀行和商業銀行的區別

- 中央銀行在一個國家只有一家，而商業銀行可以有很多家。

- 中央銀行服務商業銀行和整個國家，而商業銀行服務個人和企業。
- 中央銀行是國家的一部分，是一個國家機關，而商業銀行則是企業法人。
- 中央銀行（例如以色列銀行）是為整個國家經濟服務，不以盈利為目的，而商業銀行則是一家普通企業，是以盈利為目標的。
- 中央銀行不與公眾產生直接關連，而商業銀行的客戶則可以去銀行的各個據點辦理業務。

每個人都會有一個銀行帳戶，這是遲早的事。常言道，早起的鳥兒有蟲吃。人人都會用到銀行帳戶，就算你是個年輕人，你的薪資很可能也是雇主透過支票或轉帳等方式支付。也就是說，就算你才十五歲，如果你決定在寒暑假打工，你也應該開一個銀行帳戶。大部分的雇主不會以現金支付薪資，而是存到你的銀行帳戶。

除此以外，當畢業生準備加入以色列國防軍[5]時，也需要開一個銀行帳戶，用

❺以色列採義務兵制，無論男女、全民皆兵，只要是年滿十八歲的年輕人均須服兵役，男性須服滿三年，女性須服滿兩年。

來收取軍隊每月發的薪資，軍隊也不會用現金支付，而是通過銀行轉帳的方式支付。也就是說，軍隊會把薪資轉入軍人的個人帳戶裡，軍人要想得到這筆錢，就得有銀行帳戶。

另外，持有銀行帳戶的時間對將來申請銀行貸款十分重要。愈早開戶，銀行資歷就愈資深。而且，當你把省下來的錢存進銀行，把做各種工作賺來的錢存進銀行，也是在累積自我管理的經驗，還能獲取利息。

記得我說過的嗎？銀行會向存錢的人支付利息，所以如果你有一點錢，為什麼不讓這筆錢在你睡覺的時候為你工作呢？

那麼，以上事項如何實現呢？過程非常簡單，你只需做幾件事：

一、選擇一家開戶銀行。

二、預約辦理開戶，備齊所有需要的資料。

三、前往銀行開戶。

以下詳細說明過程：

選擇一家開戶銀行

你需要思考並選擇去哪家銀行開帳戶。首先，要考量到自己需要不定期地去銀行辦理業務。雖然大多數銀行可以透過網路辦理業務，但偶爾你還是需要親自前往銀行，所以你最好選擇一家方便到達的銀行。也就是說，如果你住在特拉維夫市的迪岑哥夫大街，那麼你最好在居住區附近找一家銀行開戶，而不是去荷茲利亞市找一家銀行。

選擇開戶行還需要考慮的一點是，最好和這家銀行有其他關係，例如你的家人曾經在那裡開過帳戶。如果你的父母、祖父母或者兄弟姐妹已經在某家銀行開了帳戶，他們可以告訴你這家銀行的開戶流程，你去開戶時還能享受優惠待遇。

如果你的家人在這家銀行有存款或是有薪資帳戶，是這家銀行的重要客戶，那麼銀行就會努力為這類客戶提供讓他們滿意的服務，當他們的親戚開新帳戶時提供必要幫助。和所有商家一樣，每家銀行都樂意接收新客戶，但找一家你熟悉的銀行總比去一家和你沒有任何關係的銀行要好得多。

最後一點，銀行會不定期地推出招攬新客戶的促銷活動，注意這些活動和優惠資訊，選擇這家銀行開戶，你可能會得到贈品或者鉅額優惠。你需要綜合考量，選出你想開戶的那家銀行。

預約辦理開戶，備齊所有需要的資料

為了提高效率，最好提前和銀行聯繫並預約辦理開戶的時間。大多數銀行都允許客戶在營業時間內直接前往，不需要預約和排隊等待，但如果你提前打電話預約的話，辦理業務會更方便快捷。

記住，一定要帶上各種需要的資料。

在你打電話預約辦理開戶時，銀行行員會告訴你需要哪些資料，例如身份證件、通訊地址或電子郵件等。如果你還沒達到辦理身份證的年齡，行員會要求父親或母親陪同前往證明你的身份。你還需要帶一些錢，用於開戶時存入第一筆錢，五十[6]謝克爾就足夠了。所有你簽過字的檔案，記得都要索取一份影本，你要用檔案夾存放已經收到和即將收到的各種紙本檔案。還有，如果你到現在還沒練習過的話，應該花一點時間練習簽名。開戶會需要在多份文件上簽名，最好先在家裡練習，可不要到時顯得手忙腳亂。

前往銀行開戶

現在你需要做的就是前往銀行。第一次去，最好找一個在同一家銀行開過帳戶的人陪你去。辦理開戶時，你需要在多份文件上簽名，然後你會得到一個屬於你的銀行帳號，還有一些小禮品。

恭喜你，你終於有自己的銀行帳戶了！行員會給你一個銀行帳號，這個帳號專屬於你，它是你帳戶裡所有操作的執行代碼。你要記住這個號碼，因為它將陪伴你很多年。除了你的銀行帳號，每家銀行和分行都有自己的代碼，這三列數字共同構成了你的錢的新住址。如果你的雇主跟你索取銀行帳號以便發薪資，你需要給他以下資訊：

- 銀行帳號：開戶時銀行給你的號碼。
- 分行代碼：辦理開戶的銀行分行的唯一代碼。
- 銀行名稱和銀行代碼：每家銀行都有自己的代碼。

---

❻在台灣開銀行帳戶，需準備的開戶金額各家不一。

- 帳戶名稱：你的名字。
- 分行地址：你辦理開戶的銀行分行所在的地址，如街道名稱、門牌號等。

密碼和保密

在開銀行帳戶時，最好設定幾個密碼：

一、電話銀行密碼：這個密碼能讓你透過電話進行存款和證券交易。在你撥通電話銀行的號碼並輸入姓名、帳號等個人資訊之後，銀行行員會請你輸入電話銀行的密碼。所以你省去銀行櫃檯辦理業務的時間，只需通過電話發送各種指令。

二、網路銀行密碼：這個密碼能讓你上網登入銀行帳戶，在網上就能查看你的銀行帳戶。

三、提款密碼：這個密碼能讓你從自動提款機提錢。

注意事項

- 不要在別人的電腦登入你的銀行帳戶，也不要在你的電腦上紀錄你的密碼，否則你的密碼將很容易被竊取、盜用，進入你的銀行帳戶就如同進入了你的錢包，甚至可能更糟。
- 不要把你的提款卡密碼和提款卡放在一起，千萬不可以告訴別人。
- 在提款機上提款時，留意排在你後面的人，那些看起來沒什麼問題的人，可能會在你輸入密碼時用手機偷拍。

活期存款

你在銀行開的帳戶叫活期帳戶，它就像一個進帳和出帳的中轉站。當你把錢存入銀行時，就是把錢存進了你的活期帳戶。當你簽發支票並被兌現時，這筆錢也是從這裡支出。如果你想設定定期存款，那就先把錢存進活期帳戶，再轉成定期。

定期存款到期時（定期存款都有一個期限），這筆錢會自動轉回你的活期帳戶。你用信用卡支出的金額，可以選擇每月固定的日期從你的活期帳戶中扣除。

現在你應該明白了，活期帳戶就像是一個火車總站，帳戶裡的錢會根據你的指令從一個地方移動到另一個地方。

赤字、盈餘和空頭支票

帳戶赤字和帳戶盈餘是從開銀行帳戶開始就會一直伴隨你的兩個概念。開戶當天，在你往帳戶裡存錢之前，你的帳戶收支平衡，也就是說，帳戶裡沒有錢，就不存在盈餘（剩餘金額為正數），也不存在赤字（剩餘金額為負數）。

對於那些有穩定收入的客戶，銀行允許他們的支出大於存入，也就是說，如果你每個月存入五千謝克爾薪資，銀行將允許你每月支出比五千謝克爾更多的錢，即使你的活期帳戶裡沒錢了，你照樣可以領錢出來。

一般來說，透支額度和你每月薪資收入持平或者更高一些，這取決於銀行的設定。這個信用體系的意義在於，如果你每月一日薪資入帳，而你在沒做好個人預算的情況下使用了這筆錢，那麼你很可能在當月二十日發現自己花光了帳戶裡所有的錢，帳戶餘額為零了。

在這種情況下，銀行允許你額外提取資金。銀行之所以這樣做，是因為銀行知道十天後，也就是下個月一日，你的薪資就會入帳，足以填補你此前透支的金額。

換句話說，在當月二十日，你的帳戶餘額已經為零了，此時銀行收到一張你開出面額為一千謝克爾的支票。按照你開戶時與銀行約定的信用額度，銀行會兌現那張支票。當月二十一日，你的帳戶餘額就是負的一千謝克爾，也就是說，你實際上欠銀行一千謝克爾。

下個月一日，你五千謝克爾的薪資再次存入你的活期帳戶，銀行會第一時間從帳戶扣除上個月二十日給你的一千謝克爾借款，所以在你薪資入帳的這一天，你將只剩下四千謝克爾。

要想享受透支帶來的「快樂」，你需要支付一定的手續費給銀行。如果你透支的金額超出了銀行給你的額度，你就要支付相當高的利息。某些情況，銀行可能不會允許你繼續透支，如果你的帳戶赤字六千謝克爾，銀行會針對你先透支的五千謝克爾，向你收取當初約定好的透支利息。而對於五千謝克爾之外的另外一千謝克爾，銀行會收取更高的利息。

除此之外，當銀行收到你開具的支票時，因為你的帳戶餘額無法支付。銀行會將支票退還給兌現的人，對方會要求你馬上支付。這時，你會陷入尷尬的局面。

另一方面，銀行會向你收取支票退還費，並且提醒你，如果繼續開空頭支票，之後將會限制你的帳戶，以後你就不能再使用這些信用額度。順帶一提，關於支票被退還和沒有支付能力的紀錄，會影響你在別的銀行的信用。也就是說，你不能去別家銀行重新開始享受服務，你不能假裝什麼都沒發生，因為你已經被認定為受限制的客戶。這個紀錄會成為你的永久紀錄。

為了杜絕這類事情發生，**你的帳戶最好保持盈餘而非赤字，千萬不要讓自己陷入無法履行承諾的境地**。強烈建議，你必須時時瞭解帳戶狀況。

應該成為主動客戶還是被動客戶？

在瞭解了銀行的相關知識之後，接下來學習如何與銀行行員打交道，瞭解他們的職權範圍，如何和他們打好關係來讓自己獲得最大利益。

你有沒有想過銀行行員都是誰？有沒有想過是什麼樣的利益在驅使他？銀行是

一個金融企業，它給你的愈少，賺的就愈多。

銀行客戶分為兩類：存款客戶和貸款客戶。銀行賺錢的方法是，當你存入十萬謝克爾，銀行給你每年三％的存款利率，但卻以五％的貸款利率把這筆錢貸給別人。銀行賺取的利潤就是五％和三％的差額部分——二％，也就是兩千謝克爾。

如果銀行只給你二％而不是三％的存款利率，那麼它馬上就能多賺一千謝克爾。如果貸款客戶願意接受六％而不是五％的貸款利率，那麼銀行又可以多賺兩千謝克爾。這樣看來，銀行行員其實更像是銀行的銷售員而不是顧問，因為銀行對他的評價和獎勵都是根據他為銀行帶來的經濟效益所衡量。所以，他工作利益的出發點首先是為了他的雇主，也就是銀行。

另一方面，銀行行員的獎金和他的業務量掛在一起，因此他很可能在主動型客戶面前妥協，卻向被動型客戶提供一份較高的報價。主動型客戶不會坐等對方大發善心，他們會主動尋求最優的利率、最佳的貸款條件、最高的存款利率和最低的銀行手續費。

然而，被動型客戶就只會等著對方給的報價，他們不討價還價，不為自己爭取更多的利益，所以那些不想賺太多錢的銀行行員會十分歡迎這類客戶。因為就像我們前面說的，他們首先考慮的是雇主，也就是銀行的利益。

不同類型客戶被對待的方式也不同，主動型客戶總是能得到更優厚的條件。所以，**我們的目標就是要從被動型客戶轉變為主動型客戶，從客戶經理那裡拿到最好的條件。**

為了成為一個主動型客戶，首先要從個人形象上下功夫。先前曾說過，並非所有客戶都能享受相同的服務和態度，就算同是主動型客戶，得到的待遇也不盡相同，銀行會把這些主動型客戶分為幾類。因此，在要求各種優惠條件之前，要先讓自己在銀行行員有一個好印象。

因此，以下幾點值得你的注意和改進：

銀行會根據職業、年齡、社會地位和存款金額等標準分類。瞭解一下你被劃分為哪一類。在你入伍、上大學或開始工作賺錢之後，別忘了即時更改職業。

對銀行來說，老客戶具有優勢，因為銀行熟悉他的經濟狀況，可以輕鬆地把他劃歸為優質客戶或者問題客戶，除此之外，老客戶不具備任何別的價值。

因此，請盡早前去開設銀行帳戶。有條理的顧客是銀行喜歡的顧客類型。那些在最後一刻才急匆匆跑來銀行申請貸款的客戶，不可能像主動型客戶那樣得到最優惠的貸款，而只會得到被動型客戶的貸款條件。**提前提交一份條理清楚的貸款申請，會留給銀行一個好的印象，他對你的態度也會隨之改變。**

如果你被銀行認定是一個沒有收入的客戶，你將只能得到比被動型客戶更差的服務。如果客戶因為犯罪行為欠下債務，銀行也不會給任何優惠條件。如果客戶因為生意問題欠下債務，那他的處境會比之前那位好一點，當他向銀行申請貸款時，銀行可能會給他一些優惠條件。

要想成為銀行眼中的優質客戶，你的承諾和合約都要履行。此外還必須瞭解自己還能有哪些付款方式，例如信用卡、需要支付多少手續費。如果有好幾家銀行可選，你可以調查看看哪家銀行能給你更好的條件和福利，以及能提供的開戶優惠。

第12篇 關於現金、信用卡和支票

現代交易頻繁，支付款項的方式也變得十分複雜。
若能學會使用這些金融工具，
便能為你的消費生活帶來更多便利，
並且讓你的銀行存款安全無虞。

今天所認識的錢和以前的錢不一樣。以前的人以物易物，種番茄的人用自己種的番茄和養牛的人交換牛奶。然而，隨著貿易的發展，這個交換過程變得更加繁複。為了展現以商品交換為唯一支付方法的時代，我杜撰了一個故事：

以物易物的小鎮

小鎮裡有種馬鈴薯的農民、牧羊人、手藝精湛的鐵匠、打造鐵鍋的工匠、裁縫、小學教師，還有馬車夫和巫師。人們的生活平靜而安祥。每一個人都要為滿足別人的需求而生產或種植某些東西，或者提供某些服務，否則就會變成靠別人施捨過日子的窮人。

多年來，鎮上的居民都是用物品交換物品。由於無法準確估算每樣東西的價值，大家一直根據供應和需求進行交換。小學老師教鎮上的孩子們讀書，農民的兒子將蔬菜當做學費，裁縫的兒子每隔幾個月就會送老師一件新襯衫，馬車夫載著老師去附近的鎮上探訪親友，當做女兒的學費。

鍋匠也採用了同樣的辦法，他為牧羊人做鍋，得到的回報是一隻小羔羊。他為裁縫製作廚具，裁縫為他做了一件精美的外套做為回報。他還給老師製作金屬杯和錫製湯碗。

也就是說，每個人都拿自己的產品或是服務和別人進行交換，在這個過程中，交換的是自己能力所及的勞動和成果。但是，隨著時間演變，人們之間卻漸漸地產生了摩擦。

老師為兒子結婚舉辦慶祝活動，邀請了很多附近村莊的親戚參加。為此，他跟牧羊人要了五隻羊，請鍋匠製作十套餐具，向農民索取三袋馬鈴薯，還要求根本沒有孩子的木匠製作一張長桌，以便讓所有客人可以圍坐在桌旁。此外，他還要麵包師傅做一個大結婚蛋糕，但實際上他們的孩子早就已經長大了。對於老師提出的這些過分要求，小鎮裡各行各業的人都表示反對。

大家聚集到小鎮的廣場上，牧羊人提出問題：他家孩子要上學多長時間，才等於老師想要的那五隻羊的價值。麵包師也問，既然他的孩子早就已經離開學校了，他為什麼還要繼續為老師做蛋糕，何況在他孩子上學期間，他每天都送給老師新鮮出爐的麵包。木匠說，他不想為老師製作餐桌，因為他沒有孩子，根本不需要老師的服務。如果老師想要餐桌，可以去養馬人那裡換一匹壯馬（因為養馬人的孩子正在老師那裡上學），然後再用這匹馬來換餐桌。可是，養馬人當場表示，他不願意和木匠進行交換。

相信你們一定感覺到，氣氛已經開始變得不融洽了。鎮上的居民們慢慢明白，最好的解決辦法就是找到一件大家都需要的商品，這樣就可以用它來進行交換。

多次討論之後，大家得出一個結論，最好是生產出這樣一件商品：它方便隨身攜帶、人人都需要、人人都認可、人人都願意用自己的東西或提供的服務與它進行交換，最後大家稱這件商品為「錢」。

於是，錢就這樣誕生了，並且從此解決了小鎮居民的煩惱，也解決了全世界普遍都有的困擾。從那以後，當孩子們去學校上學時，不必再為老師帶麵包、雞或者是衣服。和所有其他職業的勞動者一樣，老師以錢的形式領取薪資，也可以用錢購買自己所需要的任何東西。

各種支付方式

那麼現代社會的支付方式有哪些呢？如何正確地使用它們？讓我們先從現金講

起吧。有些人認為，沒有比現金更忠實的朋友了。

現金

現金在日常生活廣泛接觸，分為紙幣和硬幣兩種，在以色列使用的通用貨幣是謝克爾。現金摸得到、能拿在手上，甚至能夠聞到它的味道。每個商店都接受現金支付，用現金購物有時還能享受不少折扣。因為若是使用別的支付方式，商店需要支付給銀行一定的手續費，因此商店更願意收現金，因為它既通用又方便、安全。

在以色列，謝克爾是通用貨幣，但店家也接受外幣，尤其是美元。現金只是多種支付方式的其中一種，也有不少交易透過其他支付方式，接下來將會講到。

支票[7]

支票是出票人簽發給銀行的一張書面認可，允許銀行將出票人帳戶裡的錢轉給

[7] 台灣使用支票的情形不若國外頻繁，但是使用的方法大致相同，本篇仍保留支票內容，供各位讀者日後使用的參考。

他人。寫在支票上的金額就是你想支付給別人的金額。例如，你想買一台三千五百謝克爾的新電腦，你可以帶著你的支票簿前往電腦店家，然後在支票上寫下正確金額，交給商家當做支付憑據。透過這種方式支付款項，就毋須去銀行提取這幾千謝克爾的現金。

支票支付比現金支付具備更多優勢，在市場交易中發揮著重要作用。什麼時候應該使用支票支付？

一、需要支付的金額大於幾十謝克爾。

二、你不知道你即將購買的商品的最終價格是多少，所以不知道身上應該帶多少現金。

三、你想以分期付款的方式支付貨款。例如，你想買一件一千五百謝克爾的樂器，你希望分為三次付款（也就是連續三個月每月支付五百謝克爾），那麼你就可以填寫三張面額為五百謝克爾的支票，用它們來支付。在兌現日期一欄裡，你要寫明在接下來三個月的每月幾號可以兌現這張支票。一般來說，使用這種方式付款的人，都會把支票的兌現日期設定在薪資進帳日期之後。

四、另一個使用支票支付的理由是支付金額較大。例如你想買一輛汽車或者一件價值幾千謝克爾的電器，使用支票支付會更加方便和安全，因為你不需背著一大包現金選購。

五、如果你想買一件商品並且馬上提貨，但你只能在下個月付款，因為你的定期存款要等到下個月才到期，這種情況下，你可以使用支票支付。

簽支票的八個步驟

一、寫收款人姓名，也就是你要把錢支付給誰，這一項要填寫在支票頂端的「收款人」字樣旁邊。

二、在收款人下面一行的右側，用阿拉伯數字填寫金額，在數位前後劃上兩條斜線。例如，如果你想寫一張一百謝克爾的支票，應該寫成：/100/。

三、在數位欄的右側用文字寫下金額，並在最後加上一個「整」字，例如：「壹佰謝克爾整」。

四、在最下方的左側欄寫上支票的兌現日期，例如：支票需在 2011 年 10 月 22 日兌現，就寫成：22/10/2011。

五、在支票底部的左側簽上你的名字，這個簽名要和開帳戶時的簽名一致。

六、在支票左側的附錄上填寫關於這張支票的所有資訊以便查驗。

七、再次檢查你所填寫的支票，看看有沒有填錯的地方。

八、小心保存支票存根，不要損壞。

使用支票的注意事項

下面列出幾條正確使用支票小提示，可以避免不必要的麻煩和尷尬。

一、在你填寫的支票兌現日當天，你的銀行帳戶裡必須有足夠的錢兌現支票。也就是說，如果你買了一台電腦，你給了商家一張三千五百謝克爾的支票，兌現日期是下個月一日，你就應該確保那一天你的銀行帳戶裡至少有三千五百謝克爾的錢（或同樣多的信用額度），否則銀行會把你簽發的支票退還給商家。到那時，商家會上門來找你要錢，銀行也會把你設為黑名單之一。若你的支票多次被退還，那麼銀行將不再讓你使用支票。

二、為了不讓對方把你簽發給他的支票轉給其他人，也就是不讓電腦店的賣家把你簽發給他的支票轉給別人，你一定要在支票上寫明「不得轉讓」。你可以向銀行申請印有「不得轉讓」字樣的支票簿，避免將來因支票被轉讓給你不希望拿到的人而引發麻煩，只有你寫下名字的人才能兌換支票。此外，建議在收款人姓名一欄加上「限付」兩字。例如你買電腦的那家商店叫做「我的電腦」，那你可以在支票上寫「限付我的電腦」，並劃掉同一行裡用希伯來文和英文寫的「收款人」字樣。

三、每次都要核對阿拉伯數字和國字填寫的支票金額是否相同，否則銀行會退還這張支票，你會因此需要支付一筆手續費，還要承擔諸多不便。

四、簽發支票時一定要用藍色或黑色的中性筆書寫。姓名、日期和金額一定要寫得清晰明確。

五、簽發支票用的簽名一定要和你開銀行帳戶時的簽名一致。如果你想更換簽名，必須通知銀行，並把新的簽名樣本給它。

六、記住，你簽了支票就必須要支付，這和你支付現金是一樣的道理。

七、絕對不要把空白支票給別人，所謂的空白支票就是你已經簽名但沒有填寫金額、日期和收款人等相關資訊的支票。

八、不要把已經簽過名的空白支票留著備用。

九、如果需要在支票上進行塗改，例如寫錯了日期、收款人或者別的資訊，你的修改一定要清楚，並且要在修改處簽名。

信用卡

現在信用卡正在慢慢取代現金和支票的地位。因為使用方便，愈來愈多的消費者開始用信用卡消費。十六歲[8]以上的青年徵得父母同意後就可以辦理信用卡，十八歲以上則不需要徵得父母同意。

信用卡是一張塑膠卡片，嵌入磁條，透過加密形式存儲著持卡人的個人資訊。消費時，商店用機器讀取信用卡內的持卡人資訊，並在幾秒鐘之內獲得信用卡發卡公司對這筆交易的批准。在這時候，店家已經從電腦終端得到確認，信用卡公司得到這次交易的貨款。在這項交易中，信用卡公司就是消費者和商家之間的仲介，一方面確保商家能拿到交易的貨款，另一方面會從持卡人帳戶中扣除和交易金額等同的資金額度。

信用卡公司靠什麼賺錢呢？答案是手續費，就和銀行一樣。店家可以從中得到什麼呢？答案是安全，和支票付款時可能收到大量空頭支票不同，用信用卡支付會更加安全。

消費者可以從中得到什麼？答案是方便，無論是購買小額或大額商品，消費者都不須攜帶現金，還可以方便地使用分期付款，只需持卡人預先設定好每月扣款日期即可。在開銀行帳戶的同時也能一併申請信用卡。

注意事項

- 不要把信用卡和密碼放在一起。
- 不要將信用卡密碼存在手機裡。

❽台灣辦信用卡須滿法定年齡二十歲。

- 使用自動提款機時，不要讓站在你身後的人偷看到你輸入的密碼。
- 不要把信用卡放在磁鐵附近，以免破壞信用卡磁條。
- 不要把信用卡放在熱源附近，以免損壞信用卡。
- 在核對好金額和簽名之後，保管好每張簽單。如果之後有爭議，它們是唯一的證據。

提醒你，小心駛得萬年船。如果別人盜刷信用卡或者上網登入你的銀行帳戶，你將因此遭受嚴重的經濟損失以及各種不愉快。

使用信用卡的其他優勢

一、信用卡公司經常給持卡人提供不同商家的折扣和優惠。

二、能夠獲得紅利點數，並可用紅利點數購買優惠商品（有些信用卡公司會提供優惠商品目錄）。

三、可以享受較長時間的分期付款。用信用卡消費可以享受長達三十六個月的分期付款。不過並不是每次都划算，這要視情況而定。

四、只要是一個月內進行的消費，你都可以將繳款日期設定在薪資入帳之後。

值得注意的事項

一、你即將進行的這筆交易是否需要支付利息。很多時候，商家給你的信用卡分期付款需要支付利息，這其實不划算。

二、信用卡是否需要支付年費，費用是多少。一般來說，可以打電話和客服人員協調降低年費。

三、注意，每張信用卡都有使用年限。在有限日期之前一個月，你會收到一張新卡。確認你是否按時拿到新卡，以免使用過期信用卡帶來尷尬。

信用卡的類型

根據發卡公司不同，各家銀行發行的信用卡類型也不盡相同。大家熟知的卡種有[9]：Visa卡、以色卡（IsraCard）、美國運通卡（American Express）、大來卡（Diners Club）。

這些卡也分為幾類。持卡人經濟實力愈強，得到的卡就愈高級。簽帳金融卡（debit card）沒有透支功能，持卡人必須先在自己的活期戶頭裡存錢，然後才能刷卡消費或者提取現金。與此相反，有的信用卡信用額度高，你可以瞬間用它支付好幾十萬謝克爾，每筆交易都會立即被確認。

在這兩個極端的例子之間，還有各種用顏色和名字來區分的信用卡，例如金卡、白金卡、綠卡、黑金卡、普卡等。銀行按照持卡人的消費習慣和經濟實力發放信用卡。有些卡只限國內使用，有些卡在國外也能用。

不同類型的卡，手續費也不一樣，額度愈高的信用卡，每月手續費也愈高。

使用信用卡支付的幾種消費方式

在實體店鋪刷卡消費

當你在一家餐廳吃完飯，服務生把帳單遞給你時，你可以用你的信用卡支付。

收銀員透過終端機讀取你的信用卡資訊，交易成功之後，會請你在簽帳單上簽名確認。簽名之前要檢查帳單金額是否正確。

透過電話刷卡消費

例如打電話預訂披薩時用信用卡支付。收銀員會輸入你給他的信用卡號、有效期和卡片背面的編碼。

如果刷卡成功，披薩就會送到你家。有時，派送員會請你在送貨單上簽名確認，就算沒簽名，你的信用卡也會被扣款。

在國內進行信用卡線上支付

你還可以使用信用卡進行網路購物。首先你得先進入網站，例如，你想買書，請先確保這個網站是你所熟悉的，並且安全，然後你可以在訂單網頁輸入信用卡卡號。如果一切資料正確，購物金額就會出現在你的信用卡帳單裡，包裹會在幾天之

❾ 台灣常見的發卡公司有 Visa、萬事達卡（MasterCard）、JCB 卡。

內送到你手裡。

國外網站進行信用卡線上支付（PayPal）

PayPal 這個簡單卻聰明的發明，讓線上交易真正盛行起來。一直以來，交易的不確定性是線上交易的大問題。

你能想像嗎？你在紐約或者波蘭的網站上購買了一台新款ＰＳ４遊戲機，在把錢轉給對方之後，你收到的不是遊戲機，而是一個裝滿沙子的盒子……

顯然地，經歷過幾次之後，線上交易就會失去信譽，無法繼續發展下去。PayPal 公司意識到了這個問題和其中蘊藏的商機，他們注意到買家都持有信用卡，所以 PayPal 公司決定在信用卡發卡公司和網路賣家之間搭建起一個橋樑。

具體是如何運作的呢？不管你是買家或是賣家，先進入 Paypal 的網站註冊一個帳戶，根據網站要求上傳你的信用卡資訊和個人資訊。此後，你都不需要再向任何人提供你的信用卡資訊，不管買還是賣，所有交易都須透過 PayPal 完成。

如果你是買家，從 eBay 上的十個賣家購買了十件不同的商品，你的信用卡資訊將不會透露給其中任何一家，消費金額將通過 PayPal 這個安全管道支付給他們。

使用 PayPal 支付的另一個優點是 eBay 上支付很便利。當你將 eBay 帳戶和 PayPal 帳戶連接後，就不需要再把錢轉到國外了，這些都會透過你的信用卡帳戶進行支付，沒有手續費，每一筆交易的細節都將會被詳細地紀錄下來，然後發送電子郵件給你。

總之，每一步操作都完全透明。在虛擬的網路世界裡，你不再孤立無援，強大的 PayPal 公司會幫你對外支付貨款，然後再和你結算金額。

正確使用信用卡的小提示

一、不需持有多張信用卡。持卡所產生的費用會根據持卡數量而增長。

二、用現金支付你會感受到錢的流失，這會讓你考慮花錢是否花得值得。但刷信用卡就不同，花錢對你來說很輕鬆，你的罪惡感和自我反省意識也會降低。所以，建議盡量從自動提款機裡提取現金，用現金交易。

三、善用信用卡公司推出的優惠活動和贈禮活動。很多時候，你可以用紅利點數兌換商品。不過這些優惠活動大都限時。

四、不要使用有息分期付款。如果你表現出想買的意願，又堅決表示不想使用有息付款，商家一般都會妥協。

五、購買食品不要使用分期付款。

直接扣款

分期付款還有一種方式，叫做直接扣款。每個月你都有定期需要支付的帳單，例如水費、電費、電話費、網路費等等。為了省去你每月跑銀行或郵局繳費的麻煩，各家公司都會建議你透過直接扣款方式繳費。也就是說，銀行會在每月的繳費日當天從銀行帳戶裡扣除相應費用。換句話說，如果你和銀行簽訂了電費直接扣款合約，電費帳單還是會寄到你家，但你不需要支付，因為這筆費用會從你的銀行帳戶裡自動扣除。你唯一需要做的就是核對帳單上的金額和帳戶裡實際扣除的金額是否一致。如果你想取消直接扣款業務，則必須提前一個月通知銀行。

追蹤銀行帳戶動態

不做就不會犯錯。一生之中我們會使用銀行帳戶做很多事，當然會有犯錯的時候。有時是我們自己的錯，有時是銀行。

是的，就和人一樣，銀行也可能會犯錯，這些錯誤要嘛對我們有利，要嘛對我們不利。為了避免這些錯誤帶來的損失，例如你的銀行帳戶被大量扣款、支票被退還等等，你需要密切關注銀行帳戶動態，這將幫助你更妥善地管理帳戶，掌握帳戶真實狀況。

你可能會說：「這有什麼難的，只要查查帳戶餘額就知道情況了啊。」

嗯，你說的正確，但是也不太正確。帳戶狀況的確包含了帳戶餘額這項，但可能不太準確。舉個例子：你在一家樂器店購買了一件新樂器，你簽了一張五百謝克爾的支票，兌現日期是下個月一日。你在下個月二日查詢帳戶餘額時發現自己帳戶裡還有一千兩百三十謝克爾，所以計畫再買幾件重要的東西，但是請注意！可能出現以下情況：簽給樂器店的五百謝克爾支票還沒有被兌現，原因是樂器店老闆每週只去一次銀行，他可能遲個兩天才去兌換支票，這樣一來，你只能在兌現日期之後的幾天裡才能知道那五百謝克爾有無扣除。

如果仔細檢查你的銀行帳戶，你能查到你簽發的哪些支票已經被兌現，哪些將在近期被兌現。這樣的檢查能為你解決不必要的麻煩。定期檢查銀行帳戶能夠幫助你了解帳戶動態，包括扣款還有支付手續費等等。一旦產生交易，你就能在第一時間查看，並且即時更正可能的錯誤。

經常檢查簽發支票的銀行紀錄，看看銀行紀錄是否和支票上填寫的金額一致。經常查看你的信用卡扣款情況，要明確扣款單上每一行字的意思，要清楚每一筆交易的情況。比較一下信用卡公司帳單和銀行帳戶扣款是否一致。

準備一個檔案夾，用於存放銀行扣款單和信用卡帳單。

為自己做一張支付紀錄表，紀錄你簽發支票和刷信用卡的情況。一旦你清楚每筆交易的扣款時間，你就更容易規劃你的資金流（資金流實際上是你為將來準備的一份報告，裡面是你銀行帳戶的轉出和轉入紀錄），也方便你隨時掌握自己銀行帳戶的最新動態。

第13篇 好債務，壞債務

壞債務會讓你後退，對於你的進步沒有任何貢獻。
好債務則會讓你前進。
如果你欠下了壞債務，
首要之務就是縮減開支，還清債務。

雖然大多數人都把「債務」這個詞和負面、不好的東西聯想在一起，但其實也有好的債務。先來定義一下「債務」這個概念。

什麼是「債務」？

當借款人跟某個人或類似銀行的機構借錢時就會產生所謂的「債務」，借款人想先使用這筆錢，稍後再歸還。根據合約，債務可以一次還清，也可以分次還清。

如果你決定花六百謝克爾買一雙鞋，你用信用卡分期付款的方式，把這筆錢分成六期支付給賣家，每期支付一百謝克爾。實際上你就已經向信用卡公司貸款。從你選擇貸款的那一刻起，債務就產生了，你必須償還它。

如果你決定買機車，但你的錢不夠，車行老闆會建議你跟銀行貸款，然後分期還款。若有人想花一百萬買房，但他沒有這麼多現金。於是他向銀行申請住房抵押貸款，他將用多年時間償還這筆貸款，有時甚至長達三十年。

什麼是「利息」？

你需要明白的最重要的事是，你申請到的所有貸款都要付費。要想使用一筆本不屬於你的錢，你必須為此支付「利息」。利息就是使用別人的錢需要付出的代價。

為了說明利息的重要性，讓我們回到購房的例子。

如果你想購買一百萬謝克爾的房子，你必須要支付一百萬謝克爾。就像我說過的，大多數的人不可能有這麼多錢，所以他們申請貸款。例如，一對年輕夫妻存了三十萬謝克爾，還需要七十萬謝克爾，他們向銀行申請貸款。銀行資格審查後，會設定還貸期限，還貸期限可根據申請人的償還能力認定。如果申請人辦的是二十年的貸款，那每個月需要還貸四千五百謝克爾，如果辦理十年的貸款，則每月需還貸七千謝克爾。

由於這對年輕夫妻負擔不起每月七千謝克爾的還貸金額，所以他們選擇了期限為二十年的貸款，每月需還貸四千五百謝克爾。

年輕夫妻向銀行總共借了七十萬謝克爾，到最後還給銀行的金額將會超過一百萬謝克爾。從銀行得到的金額和要歸還給銀行的金額之間的差額是幾十萬謝克爾，這些錢就是利息！

當你用信用卡進行分期付款交易時，你也需要支付利息。當你從銀行貸款購買機車時，你也需要支付利息。你要記住，想花別人的錢需要付出代價。每一筆信用交易都會產生債務，利息也會隨之產生，其金額往往非常之大。

現在你應該知道，每一筆債務都有利息，也就是說，大部分的債務都是壞債務。你買了一件八百謝克爾的衣服，而你的銀行帳戶裡只有四百謝克爾，那麼買完之後你的銀行帳戶就呈現赤字狀態了。因為赤字，你需要支付利息，你要付出的錢將多於四百謝克爾，而且隨著時間推移，還款金額還會愈來愈高。

壞債務

壞債務通常在錢不夠的情況消費而產生。

你曾因為買衣服而產生過債務嗎？這就是一筆壞債務。

你曾在銀行帳戶赤字的情況下去餐館吃飯，並且用信用卡支付餐費嗎？這也是一筆壞債務。

你曾用分期付款方式支付了自己的出國旅遊費用嗎？這同樣是一筆壞債務。

你曾從銀行貸款購買了一台全地形沙灘車嗎？這還是一筆壞債務。

壞債務就是你為了使用目前經濟能力負擔不起的東西而產生的債務。它可能是你在帳戶已赤字仍去高級餐廳吃飯而產生的債務，這頓飯只會使得赤字更加嚴重；它也可能是你在經濟條件不允許的情況下，卻仍將普通公寓升級為豪華公寓而產生的債務。

好債務

與壞債務相比，也有好債務，那就是購置不動產。例如申請銀行貸款買房子，前提是你購買的房產能給你帶來收益。幾年前我在貝爾謝巴大學附近買了幾間房子，大部分的購置費用都來自於銀行貸款。這筆貸款會產生債務，每間房子每個月需要還銀行房貸一千五百謝克爾。但這筆債務並不是我支付，而是房客支付。

他每個月付給我一千五百謝克爾的租金，我就把這筆錢拿去還房貸。多年之後，我的房貸還清了，這間房子還是屬於我的。我可以賣掉它或是以每月一千五百謝克爾的租金繼續把它租出去。這就是好債務的例子。

好債務是能為你帶來直接收益或未來收益的債務。當你要投資建立一家將來會盈利的公司，你因投資欠下的債務就可能是一筆好債務。但你如果用這筆錢買了一輛十五萬謝克爾的新車，這就是一筆壞債務，因為汽車通常在購買後三年內貶值三〇％，也就是說，三年後這輛汽車只值十萬謝克爾，可是你為這輛車支付的錢卻遠遠不止十五萬謝克爾。（還記得利息嗎？）

此外，這輛車不能為你帶來任何收益，除非你做為計程車或是運輸車輛。助學貸款也是好債務，它能幫助你學習一門謀生的技能，讓你有能力賺錢還清這筆債務，並且在今後賺得更多。

不要混淆了各種債務。當一筆債務擁有還清本金的潛力時（例如投資成立公司、購買不動產用於投資、為了經營生意而購買車輛等等），它才是一筆好債務。為了購買一件沒有潛力還清本金的東西而欠下的債務就是壞債務，例如買衣服、旅遊、衝浪板、食物、汽車等等。

從今天開始，當你即將欠下一筆債務時，停下來問問自己，你欠下的是一筆好債務還是壞債務？你欠下的這筆債務能在將來為你帶來收益嗎？

我建議你尋找一些好債務，它們能推動你向前發展，幫助你享受生活樂趣。

壞債務是如何產生的？

欠下壞債務很容易為生活帶來麻煩。很多家庭都被壞債務纏身，並不是他們願意這樣，而是因為他們缺乏理財知識。當食品連鎖超市在節日期間推出免息分期付款優惠時，壞債務就開始產生了。

「這太誘人了。」一位名叫以茨列的先生一邊想著，一邊出門去超市，準備為即將到來的新年或逾越節[10]進行採購。超市的優惠活動允許顧客在購物一百二十天之後支付貨款，所以以茨列先生添購了很多東西，把購物車塞得滿滿的。然後，他來到收銀台，把購物車裡的東西搬出來結帳，並簽下一張四個月後兌現的支票。他很高興，因為他知道自己這個月不需要支付這筆四千謝克爾的購物帳單，要再過四個月才支付。

[10] 逾越節，猶太人的三大節日之一，全家人都會聚在一起過節。

「太好了，」他心裡想著：「我的銀行帳戶裡總算有閒錢了。」以茨列先生的月薪是一萬謝克爾，他需要支付的水費、電費、電話費、房貸等加起來大約六千謝克爾，剩下大約四千謝克爾用於購買食物。

享受超市的優惠後，現在他的帳戶裡餘下了四千謝克爾。既然有了閒錢，那他就可以去買那些以前想買卻沒買的東西。於是，以茨列先生為家人買了節慶禮物，給自己買了新衣服和新香水，他覺得非常享受。

但是，四個月之後會發生什麼呢？以茨列先生每月都會花費四千謝克爾去超市採購食物和其他商品，而且總是用支票付款。四個月之後，當他查看自己的銀行帳戶時，發現帳戶出現了赤字，除了每個月的水費、電費、電話費、房貸總共六千謝克爾，加上每月四千謝克爾的食物開銷之外，還要再算上一百二十天之前簽發給超市的那張四千謝克爾的支票！以茨列先生這個月的支出是一萬四千謝克爾，但入帳只有一萬謝克爾。

這下麻煩了，以茨列先生的銀行帳戶從此以後每個月都會有四千謝克爾的虧空。為了「減少虧空」，在等下一個節日到來之前，以茨列先生還會參加別的優惠活動，表面上看來也許這一兩個月當中，什麼事都不會發生，但他的銀行帳戶虧空將很可能上升到八千謝克爾，因為那些優惠活動很可能是一個新的陷阱，讓他欠下新債務，情況只會愈來愈糟。

壞債務會讓你後退，對於你的進步沒有任何貢獻。好債務則會讓你前進。如果你欠下了壞債務，請開始縮減開支，努力還清債務。壞債務這樣的東西應該被扼殺在萌芽狀態。

是時候好好檢查信用卡帳單和銀行帳戶支出明細了，這樣你就知道自己是在向前邁進還是向後退步。

第14篇

別再受騙上當了

你的大腦總是欺騙你，
慣用的思考模式往往讓你多花了冤枉錢，
用%思考、推銷員的話術、
愈買愈高的單價、限時特價時的搶購風潮……
明白了購物之路上的陷阱之後，就別再傻傻上當囉！

你的大腦習慣用％計算，而不是用具體金額思考，所以常常讓你犯錯。為了幫助你理解這種思維方式的錯誤之處，明白用新的思維方式做決定的必要性，也為了避免你在不知不覺中上當受騙，我舉幾個例子：

襯衫vs.電視機

你去商店試穿了一件名牌襯衫，你站在鏡子前面，跟同行朋友說這件襯衫的價格是四百五十謝克爾，這時，店裡另一位素不相識的顧客告訴你，一百公尺外的商店裡，同樣的襯衫只賣三百謝克爾。你會不會為了節省一百五十謝克爾而走這一百公尺呢？當然會。大多數人都會這麼做。

另一個例子，你要購買一個七千八百五十謝克爾的大型電視。當你決定購買時，一位陌生顧客走過來對你說，在不遠處的另一家店裡，同樣的電視只賣七千七百謝克爾。這時，你會離開這家店，去另一家店買嗎？可能不會。大多數人在這種情況下都不願意跑這一趟。這是為什麼呢？

在第一個例子中，為了節省一百五十謝克爾，你心甘情願地走了一百公尺，在第二個例子中，同樣可以省下一百五十謝克爾，但你卻放棄了。原因出在你的思維方式。第一個例子，你算出能節省三三%的錢，這個百分比是個很大的數字，但第二個例子，同樣的一百五十謝克爾卻只占整個交易額的二%，所以你放棄了。

但其實銀行帳戶裡顯示的數字完全一樣，銀行帳戶從來就不是以%計算，而是以金額計算。也就是說，你的帳戶裡要嘛多出一百五十謝克爾，要嘛沒有，這和你從哪筆交易省下一百五十謝克爾沒有任何關係。

這種錯誤的思維方式一直伴隨著你。

花錢的陷阱

你路過一個彩券購買點，發現大獎金額是兩千萬謝克爾，於是你花五十謝克爾買了一張彩券。可是當天晚上，你可能因為孩子在超市拿了一罐三十九謝克爾的糖果而責備他，因為你覺得太貴了，沒必要買。早上你隨隨便便就花掉的那五十謝克爾，你認為有必要，因為你拿它和兩千萬謝克爾的大獎金額來對比（其實中獎概率幾乎為零）。

一般來說，彩券的大獎金額愈高，人們就愈願意花更多錢購買彩券。如果大獎金額是五百萬謝克爾，對於那些平時不買彩券的人會缺乏吸引力，但如果大獎是三千萬謝克爾，人們就會搶著去買，就好像五百萬對大家來說是個小數目，三千萬就完全不一樣了……

還有一個經典錯誤每個家庭都會犯。家裡有一台不太好用的電器，例如洗衣機、咖啡機或冰箱，每過幾個月就要花一筆錢維修。雖然你知道這台電器的壽命可能不長，但你還是想繼續使用它，因為你已經花那麼多錢在它身上了。在接下來的幾年時間裡，你在這台電器上花的錢幾乎快跟買新的差不多，但無論如何你就是不願意把它換掉，因為你在它身上投入得太多……就這樣，一個錯誤導致又一個錯誤，你不斷地花錢，卻換來更多的煩惱。

仲介能為你贏得好交易

人們不喜歡支付仲介費，因為仲介費很高，有時高達幾萬謝克爾。有些人覺得仲介的工作太輕鬆了，很短的時間就能完成，他們把仲介費和自己的薪資進行比較，所以不願意支付仲介費。

雖然他們覺得，大多數時候仲介能為自己贏得一個好交易，遠比自己能做的要好，但人們還是不願意支付這筆錢。你的思維方式告訴你，「不要」支付四萬謝克爾給仲介，哪怕他為你贏得的交易價讓你多賺了十萬謝克爾。

避免愈買愈貴

每個人身上都會發生的一件有趣的事情是：在購物時不斷打破自己設定的價格上限。假如你規定自己買一雙鞋不得超過四百謝克爾，你就會一直尋找這個價位的鞋。但有次你為了參加某個活動而購買了一雙六百謝克爾的鞋，下次你買鞋的預算就提高到六百謝克爾。

只要你不打破自己設定的價格上限，你就可以持續多年在這預算之內的商品，但只要有一次打破規定，以後就會以新的價格上限為主，甚至更高了。

不僅如此，當你的另一半打破了某個價格上限（例如購買了一件七百謝克爾的襯衫），你會認為自己也可以買一件等價的襯衫。在日用品上打破價格的上限，將會對個人和家庭的支出產生重大影響。

明白了這一點，你就能避免打破自己設定的價格上限，為將來省下大筆的錢，因為你隨意增加的兩百謝克爾買菜錢將會提升全家未來的消費標準。

以信用卡或 PayPal 進行網上購物時，花錢會變得更容易。只要你沒有親眼看到金錢流失，你對錢的保護意識就會降低。

你可以做一個有趣的實驗，把你一個月薪資拿出來，用現金消費代替你平時習慣使用的信用卡支付。當你看到自己的錢包慢慢癟下去時，你就會考慮得更多，買得更少。

這種想法在你購物時同樣會產生作用。當你站在乾貨店前，看到一百克椰棗的價格是三點八五謝克爾，你認為很便宜，於是毫不猶豫地往袋子裡裝了半公斤椰棗。但如果攤位上放著打包好的半公斤椰棗，價格是十九謝克爾，你不一定會買，儘管這比一百克三點八五謝克爾的價格還要更便宜。

你總覺得零點九九謝克爾比一謝克爾更便宜，雖然這兩種情況下你都支付了一謝克爾，也得不到找零。消費者會十分看重價格裡的第一位數字，所以一點九九謝克爾看上去就比二謝克爾要便宜，儘管兩個價格幾乎一樣。

推銷員的話術

另外一個屢試不爽的銷售手法是，當你購買電器時，推銷員先介紹你一款很貴的產品，之後再介紹你另一款便宜但性能不好的產品，最後再介紹你推薦一款價格適中的產品，他會告訴你這是最好的選擇。

可以想像，如果你沒看到那款性能很差的產品，你最後也不會喜歡價格適中的產品，在比較心理作用之下，你的想法也隨之改變。

如果有人向你推銷一款提供醫療費用保障的健康保險，保險費是每年一千八百二十五謝克爾，你肯定會在兩秒鐘之內掛斷推銷電話。但是，如果推銷員告訴你購買這個健康保險只需每天繳四點九九謝克爾，你可能會有興趣和他聊一聊，諮詢更多的細節。

其實，這兩種情況的保險費完全一樣，每天四點九九謝克爾算起來，一年的保費就是一千八百二十五謝克爾。

限時特價令人失心瘋

還有一個很好的例子，當各大購物中心推出年度促銷活動時，所有的店家會在三天內拿出過季貨品擺滿貨架，鋪天蓋地的促銷廣告會吸引來大量客源，所有人都在搶購庫存商品，就像找到了戰利品一樣，搶奪眼前的一切。

因為是限時銷售，促銷活動營造出一種緊張的氛圍。人們都想早點下手，不然就被搶光了，大家都想著：絕對不能錯失良機。於是，顧客們可以不在乎顏色、不在乎款式、不在乎品質，**最重要的是自我感覺良好，自認為抓住了絕佳機會。緊張的搶購氛圍讓大多數顧客來不及仔細思考和判斷，認為此刻唯一的目標就是抓住這個好機會。**

有時，人們的購物行為有著意想不到的出發點。買敞篷車的人不一定是想呼吸清新空氣才買車，而是為了「讓別人看到他」；買大鑽戒的人不一定喜歡戴著這塊耀眼的大石頭，而是想證明「看看我能買得起這個」。如果是丈夫買給自己，那就是她想證明「看看他有多愛我」。

聰明的賣家能通過購物理由定義消費者，並且成功地把顧客「真正」想要的東西賣出。

買一送一的促銷活動看起來很棒，但稍微計算一下，就會發現事實並非如此。大部分情況，你需要付出全價，才能得到一件不常使用或是品質較差的東西作為贈品。如果你需要這件商品，那就買吧，但是若只是因為贈品，那不一定值得。

「第二件半價」是顧客喜歡的另一種促銷活動，但如果仔細想想，第一件商品的價格是一百謝克爾，第二件半價就是五十謝克爾，購買兩件商品總共是一百五十謝克爾。現在，把這個價格除以二，你會發現每件商品的價格是七十五謝克爾。也就是說，你本想買一件，現在卻買了兩件，但你得到的優惠只有二五％！

避免衝動性購物

在完成詳盡的調查之前，不要貿然購物。

在網路上查詢你即將購買的商品價格，這樣一年下來能為你省下好幾千謝克爾。很多消費者的一個壞毛病就是「衝動購物」，這是一種情緒化的購物行為，缺乏計劃，此時此刻就要得到眼前這件東西的衝動在作祟。

衝動購物是一種不經思考的快速購物行為，因為沒時間查詢價格，因此大多數時間下都會因此支付高額購買費用，而且通常這樣的購物行為是不必要的。

最好提前確定每週和每月的購物計畫，盡量不要偏離這個計畫，因為衝動購物常讓我們偏離預算。每次購物前可以先完成一份優先順序清單，有助理性消費。

衝動購物的一個絕佳範例發生在超市或者大商場的收銀台旁。收銀台旁總會擺放一些非必需品，你本來不打算買，但因為等待結帳的時間太難打發了，所以你不止一次地購買這些東西。

服裝店也學會了這一招，經常在收銀台旁推銷皮帶、襪子這類小件商品。此時，你的錢包是打開的，信用卡在收銀員手裡，她只需要向你再推薦一兩件「真正」值得你購買的商品，就能從你的銀行帳戶裡多領點錢了！

現在你懂了嗎？那就不要再上當受騙了。

第15篇 存出百萬的十條規則

即使是一點點錢，也能靠儲蓄累積成一大筆財富。
所以，何時成為百萬富翁由你自己決定，
而你唯一要做的事就是盡量把支出轉為存入。

一謝克爾持續二十八天每日翻倍增長，你覺得會是什麼結果呢？小小的一謝克爾能達到什麼價值呢？讓我們來計算一下：

第一天，一謝克爾還是一謝克爾；

第二天，金額翻倍了，變成兩謝克爾；

第三天；金額再次翻倍，變成了四謝克爾；

第四天，金額再次翻倍，變成了八謝克爾；

第五天，金額翻倍，達到十六謝克爾；

第六天，金額再次翻倍，我們得到了三十二謝克爾；

第七天，金額再次翻倍，我們得到了六十四謝克爾；

第八天，我們得到了一百二十八謝克爾；

第九天，金額翻倍，我們得到了兩百五十六謝克爾；

第十天，金額再次翻倍，我們得到了五百一十二謝克爾；

第十一天，金額翻倍，我們得到一千零二十四謝克爾；

第十二天，我們得到二千零四十八謝克爾；

第十三天，我們得到四千零九十六謝克爾；
第十四天，我們得到八千一百九十二謝克爾；
第十五天，我們得到一萬六千三百八十四謝克爾；
第十六天，我們得到三萬兩千七百六十八謝克爾；
第十七天，我們得到六萬五千五百三十六謝克爾；
第十八天，我們得到十三萬一千零七十二謝克爾；
第十九天，我們得到二十六萬兩千一百四十四謝克爾；
第二十天，我們得到五十二萬五千兩百八十八謝克爾；
第二十一天，我們得到一百零四萬八千五百四十六謝克爾；
第二十二天，我們得到兩百零九萬七千一百五十二謝克爾；
第二十三天，我們得到四百一十九萬四千三百零四謝克爾；
第二十四天，我們得到八百三十八萬八千六百零八謝克爾；
第二十五天，我們得到一千六百七十七萬七千兩百一十六謝克爾；
第二十六天，我們得到三千三百五十五萬四千四百三十二謝克爾；
第二十七天，我們得到六千七百一十萬八千八百六十四謝克爾。

所以，如果一謝克爾每日翻倍增長，二十八天之後我們得到的錢將超過六千七百萬謝克爾！

這個例子完美地說明了儲蓄的力量。算式的目的是引起你的注意：即使是一點點錢，也能靠儲蓄累積成為一大筆錢。遺憾的是，現在還沒有銀行推出每日翻倍的儲蓄項目，但有不少別的儲蓄項目和理財項目都能給你豐厚的回報，只要你堅持長期存錢。

結論就是：如果不存錢，身為一名普通人絕不可能發大財。

儲蓄金額與利率的影響

如果你每天節省十謝克爾，把它投資到一個年收益率為十五%的儲蓄項目，堅持三十年之後，你就會有一百六十七萬謝克爾。是的，你沒看錯，你帳上的金額的確確將會是一百六十七萬謝克爾。如果你在三十年前就做了這個投資，或者在最近三十年裡有人每天為你存了十謝克爾，你現在就是百萬富翁了。

這就是現實，每一位經濟學家都能為你驗證這些數字的真實性。如果你想成為百萬富翁，但又不想等待那麼長的時間，那麼你可以利用你的基礎儲蓄額度，每天投資三十三謝克爾到一個年收益率為十五％的項目裡，這樣你就能把成為百萬富翁的時間從三十年縮短到二十年，二十年之後你就會得到一百二十萬謝克爾。

就像我們即將講到的，儲蓄時間可以縮短，取決於你每天有多少錢儲蓄。事實上，**何時成為百萬富翁由自己決定，唯一需要做的就是盡量把支出的錢轉變成存入的錢，只要持續這樣做你就會變得富有。**

你不必加班工作，不用放棄已經習慣的東西，也不需要祈求一份鉅額遺產，你要做的就是這麼簡單。

這些例子中，有兩點可能會引起質疑。一是需要等待的時間太長。但我可以告訴你，等待的時間和儲蓄金額多少以及獲得利率高低有關。不管存不存錢，時間都會照樣流逝。如果每天不往銀行帳戶存入十謝克爾，那麼這十謝克爾就到別人的帳戶裡了。所以無論何時，在帳戶裡存點錢都是值得的做法。

第二是收益率的高低。在我剛剛舉的例子中，十五％收益率或回報率並不容易，但回報率也和風險大小相關。儘管如此，你還是有機會在低風險的前提下變成百萬富翁。不管怎樣，你在投資方面懂得愈多，就愈有機會達到目標。

存錢前，你需要知道的十條規則

如果你已經準備好了，那就從現在做起，因為早一天開始儲蓄，你離百萬富翁的距離就近一點。以下是開始存錢前你必須知道的十條規則：

規則一：每天只存十元，人人都可以成為百萬富翁

這是事實，你即將在本書中學到，要成為百萬富翁需要的只是定期存款、高收益率和耐心，其中特別重要的是耐心。

所有人都想快速致富，但事實上，大多數的致富者都是慢慢地愈來愈有錢。緩慢的致富方式才正確而且安全，那些妄想用自己的錢或者借錢下大賭注、以為這樣就能走捷徑致富的人，只能一次又一次地失敗。

沒辦法，要走正道，你就必須要有耐心。

我在這裡順便說一句，這一條致富之道不會影響你同時以其他途徑創造財富，你可以沿著這條路一直往前走，因為它是一條安全之路。

規則二：想成為百萬富翁，必須勤儉節約（記住，不是吝嗇）、定期存錢

奢侈和揮霍並不是美好生活的標誌，也不是明智的理財行為。

看看富人們的生活方式，**他們不會因為自己有錢，就願意為只值五謝克爾的東西花費雙倍的價錢。**你要知道，你如果不好好守著你的錢，它就會從你手中溜走。

查價格、比價格、再次確定是不是真的必須花這筆錢，這才是正確的用錢方法，這樣才能建立一種透過儲蓄致富的生活方式。

你每天的收入會受到薪資或月收入的限制，這不是你自己能控制的，但對於自己的開銷，你卻擁有絕對的控制權，你必須節約開支。看看你的周圍，那些財力雄厚的人都是靠多年的累積，慢慢創造出財富。

貸款買房也是一個漫長的過程，它會讓你學會節儉，最後才能得到一個可以度過餘生的安穩居所。勤儉節約也能讓你成為百萬富翁。

注意，不是吝嗇，是節約。

規則三：必須一直堅持下去

大多數人都在尋找即時的滿足感。他們想立刻擁有名牌襯衫、汽車、新款首

飾、靴子，還想要一百萬謝克爾。人類是缺乏耐性的物種，如果不能現在就得到一件大的物品，他們寧願馬上把錢花在替代品上。這本書最強大、最重要的一個支撐點就是建立在「堅持」這個規則上。

就算你每個月存不了太多錢，只要堅持，你最終能成為夢寐以求的百萬富翁。堅持是成功之母，你要明白長路漫漫，在終點等你的是屬於你的一百萬謝克爾。

中國人常說：「千里之行，始於足下。」我們也可以說，邁向百萬富翁的第一步開始於一筆小小的存款。不管將來會發生什麼，你都必須堅持不懈地一直存錢，就算在頭幾年裡看不到什麼大進展，你也要明白，大額資金要經過多年的利息累積才能產生。

接下來，你將透過本書得知，近幾年的存款利息如何不斷增加，你的錢如何翻倍，甚至達到一剛開始存款的五倍或者更多。也就是說，存款二十萬謝克爾，結果得到的利息是八十萬謝克爾，總共達一百萬謝克爾，這一切都是你堅持的結果。

規則四：愈早開始存錢，愈早成為年輕的百萬富翁

時間對於儲蓄來說有重要的意義。有人曾問華倫・巴菲特（Warren Buffett），

要如何才能成為有錢人。巴菲特說：「儘早開始行動」。

只要你領會了這句話的意思，儘早開始存錢，你就能更快變成百萬富翁。當然，你可以在十五歲就開始存錢，也可以在五十歲時開始存錢，結果會完全不同。

規則五：利率有著關鍵的影響力

你要知道，除了定期存款和堅持不懈這兩點之外，還有一個非常重要的因素，那就是利率高低。你要努力爭取更高的利率，比較不同管道和風險構成因素。

如果將十萬謝克爾存二十年，五％的利率和十％的利率的差價高達四十萬謝克爾。也就是說，如果利率是十％，你就能得到六十七萬謝克爾；利率是五％，你就只能得到二十七萬謝克爾。弄懂這一點非常重要，同樣的存款金額、同樣的存款期限，僅因為利率上的差別，獲得的回報就完全不同。

規則六：風險與機會

你願意承擔的風險愈大，你能獲得的利率或者回報率就會愈高。但是也要注意，你投資的金融理財專案風險愈大，可能遭受的經濟損失也愈大。

最保守的理財項目就是銀行儲蓄、短期國債或者短期存款，風險最高的理財項目是投資證券市場、外匯期貨交易和遠期期權交易。你肯定會問，這些項目到底有多危險呢？

我講一對夫妻的故事：他們帶著五十萬謝克爾來找期貨投資經理，在他那裡開了一個期貨帳戶，盼望將來有一天能成為百萬富翁。他們希望借助這個高風險和高收益的理財項目，以最快的速度實現目標。

事情真的發生得很快，不到一個月時間，他們的銀行帳戶上就只剩下不到四千謝克爾了。投資經理對他們說：「很抱歉，投資沒有成功」。

和這對夫妻不同，穩健投資者堅持每年把固定金額的資金存入銀行，三十年之後，他們的資產遠超一百萬。銀行儲蓄雖然賺錢速度慢一些，但卻很安全。所以結論是——賺錢要慢慢來。僅供你參考。

規則七：長期投資股票

多年研究證明，長期投資股票（十五年以上）能得到更好的回報，過去的經驗也這麼告訴我們。所以，如果你是一名長跑運動員，不妨考慮一下投資股票，不要被上面的第六條規則嚇到了。

除了知道長期投資股票具有可行性之外，你還必須瞭解清楚哪些股票是值得投資的。在特拉維夫證券交易所[11]，特拉維夫二五指數（TA-25）將市值最高的二十五家公司的股票劃分出來。當資本市場崛起，經濟擺脫衰退，股市開始上漲時，選擇在市場規模和穩定性上都表現不俗的這二十五支股票絕對是你的首選，也將會是最可以持續投資的選擇。這二十五支股票包括了銀行股、大型工業股、醫藥股等等，它們代表著市場上規模最大、競爭力最強的二十五家大型企業。

投資這幾支股票比購買那些小公司的股票要安全得多。運氣好的話，投資特拉維夫二五指數名單上的股票的失敗幾率也遠比投資其他股票要低。

堅持長期投資股票的人不像那些投資新手一樣不停地買進賣出，因為他們發現了一個絕佳的賺錢方式。

研究表明，長期投資股票比其他管道投資更能獲得豐厚回報。也就是說，投資

[11] 是以色列唯一證券交易所，位於以色列特拉維夫市。而臺灣證券交易所簡稱「臺證所」或「證交所」，有加權股價指數、臺灣五〇指數、臺灣中型一〇〇指數等投資人供參考。

那些穩定性強的大公司的股票能夠為投資者帶來比短期存款、短期國債、大額存單、美元、歐元、債券或其他金融工具更高的回報。

為了享受這樣的高收益率，你需要做的只是持之以恆地待在股票市場裡，時間愈長愈好，不要試圖去預測股票的漲或跌。研究人員對近幾十年的美國股市進行了研究，發現十五年以上的長期投資的風險已經被抵消，最後得到安全的盈利。

如果你不願意直接投資股票，你也可以選擇投資共同基金，在接下來的篇幅裡，我會詳細介紹。

規則八：借助專業人士的力量

想要瞭解投資回報和利息，你不需成為經濟學家或者專業投資人士，你只需要諮詢銀行或者投資公司的客戶經理，他們會為你展示一個全新的金融世界，並幫助你打理一切，你只需要付給他們手續費就行。你不必知道如何配置債券和外匯投資組合，你可以求助於專業人士，購買業績穩定的大型公司的共同基金，就能持續獲得良好的收益。另一方面，你還可以由客戶經理為你管理投資組合。相關的內容我們接下來還會學到。

規則九：必須瞭解你投資的項目，至少從理論上瞭解

為了親身體驗投資的感覺，你應該擴充經濟知識。即使你對投資一竅不通，這個主題並不複雜。閱讀經濟領域的書籍、訂閱經濟類報紙、瀏覽經濟類網站，都能慢慢教你需要的知識，讓你理解、提問、辨別投資機會。即使你購買了共同基金，認為已經打理好自己的錢了，可以好好休息一下了，但透過一些最基本的金融常識，你就可以在第一時間知道哪些基金值得投資，哪些基金投資經理的評價最高，以及應該投資多長時間。

為了賺取薪資，你已經工作了幾千小時了，何不每月抽出幾小時時間瞭解如何讓你的錢為你賺取更多利潤呢？這不是什麼高深莫測的東西，每個普通人都能夠融入這個領域裡。

規則十：當你興奮過頭時，你的錢就處於危險之中

在通往百萬富翁的路上，除了剛開始時短暫的興奮感之外，緩慢的儲蓄過程通常不會再產生興奮感。其實，這是一條漫長的道路，你不應該讓心情左右你。

想要上山，就一定要經歷漫長的攀登過程。開始攀登之後，只有到達預期目的

地的那一刻會讓你興奮雀躍。很多人喜歡投資股票和期權，因為他們享受那種興奮感，但你不該沉迷這種興奮感，因為有興奮感時通常就有風險，成為百萬富翁的過程雖然漫長而枯燥，但不該有危險。

時間總是會流逝，最早行動並且堅持到底的人，最終就能在自己的銀行帳戶裡發現寶藏。祝你成功！

第16篇

股市，人人都能參與

在進入股市前，你應該弄清楚存錢和投資的區別，投資是用存下來的錢尋找為你帶來高回報的方法，前提是確保本金不會受損。

風險和報酬成正比，身為新手的你，應該先選擇風險較小的投資項目。

一切關於錢的事情，乍看好像很複雜，但解釋清楚以後，你會發現一切都變得容易了。

舉個例子，你覺得證券交易看起來很複雜，對嗎？你肯定聽過像股市、股票、募股這樣的詞彙吧，不少人只是聽到這些詞彙就已經暈頭轉向，急著轉移話題了。但是請等一下，建議你給自己一次機會，不要害怕那些你不瞭解的詞彙。我保證，當你讀完這一篇內容之後，你就會弄懂那些看似複雜的東西了。

你覺得它複雜，是因為你不瞭解或者害怕瞭解。給自己一個機會吧，我會用簡單易懂的方式解釋這些聽起來很複雜的概念。

準備好了嗎？那我們開始吧。

股市

「股市」這個詞是什麼意思呢？

股市是一個交易場所，就像水果市場、蔬菜市場、花卉市場，或是咖啡交易市場、金屬交易市場一樣。股票市場和上述這些市場沒有兩樣，就是一個專門買賣股票的地方。

股票

股票能證明你某個公司的股東或者合夥人。如果你購買了「可口可樂」公司的股票，事實上你就成了這家公司的股東。持有這家公司的股票，表明你和這家公司是合作夥伴關係。每一支股票都有自己的名字，通常以公司名稱命名。例如，「斯特勞斯」公司的股票就叫斯特勞斯，德雷克集團旗下的房地產公司的股票就叫德雷克地產。

那麼股票是怎麼來的呢？

募股

股票通過募股產生。募股是一種籌集資金的行為。例如，一家礦泉水公司希望擴大生產線並把產品銷售到其他國家，它就必須投資數百萬美元擴建工廠和擴張海外市場。

如果這家公司沒有足夠的資金，或者不希望單獨承擔風險，它就會轉向公眾，對他們說：「來做我們的合夥人吧，我們把公司的股票賣給你們，讓你們成為公司的股東，我們會把籌集到的資金用於企業發展」。

如果這家公司的生意蒸蒸日上，產生利潤，那麼股票就會更值錢，那些購買股票的人就會賺錢。相反，如果公司的生意一落千丈，或是出現虧損，股票價值很可能就會下跌。

小提示：資本市場上有個公認的規則，公司上市籌資時不一定表示它也需要資金，主要是因這時能籌到資金。

也就是說，當股市下跌時，即使是很好的投資項目也很難籌集到資金，但當股市上漲時，就算是受爭議的投資項目，也很容易籌到資金，只要滿足證券交易委員會設定的募股條件。

募股可以由上市公司執行，也可以由想上市的私人公司執行。

當一家公司成為上市公司之後，它就必須遵守相應的法律法規。例如，每季度提交一份公司經營狀況報告，投資人可通過這份報告瞭解公司發展情況。這份報告將會公開，大家都能直接在網路上看到。

還有兩個概念要介紹，那就是「一級市場」和「二級市場」。

募股市場也叫一級市場，募股結束後，股票就會在二級市場進行交易，也就是證券交易所。

股票類型

股票有不同類別，投資者一般把股票分為以下幾類：

價值股

通常是股價比真實價值要低的股票。這類股票一般不會是熱門領域的股票，但是是老牌大公司發行的。

紅利股

給股東發放紅利的股票。也就是說，公司以現金方式把盈利發放給投資人。持有股票的投資人可根據公司的利潤分配方案，定期得到一筆錢。

成長股

呈現快速發展趨勢的公司股票。這類股票的投資人預期這家公司能快速成長，公司的股票也能隨之上漲。

週期股

隨著經濟週期的盛衰而漲落的股票。服務行業的很多公司都發行這一類股票，例如娛樂業、酒店業、汽車租賃和旅遊業等等。

防守股

即使在經濟衰退時也有收益的股票。這類股票往往能在市場疲軟或經濟下滑時提供收益給股東，為他們的投資提供保障。

成交量、買盤、賣盤

以下介紹資本市場上經常出現的幾個證券交易術語：

成交量

指在交易日內進行交易的股票金額。在以色列證券交易所，有些公司的股票每日成交量達到幾千萬謝克爾，也有些公司的股票成交量只有幾十到幾百謝克爾。成交量指的是出售的股票數量，或者是股票的市場價格乘以出售的股票數量。

買盤

來自於「需求」一詞，指購買股票的需求。也就是說，當存在著購買股票的需求時，投資者會主動要求購買股票。

賣盤

來自於「提供」一詞，指投資者將他們的股票進行出售。和買盤相反。世界各地都有金屬、食品、花卉等各式各樣的實體交易市場。

現在我們已經知道了什麼是「股市」，什麼是「股票」，什麼是「募股」，接下來瞭解市場投資人吧。什麼人會投資股市呢？

股市投資人分為三類

第一類是**機構投資者**，其中包括銀行、保險公司、共同基金、公積金等等。由於投資範圍廣泛，這些大型機構投資者通常能夠決定資本市場的走向。也就是說，如果大部分的機構投資者認為股市應該繼續上漲，他們會為了吸引投資而繼續注入資金。但是，如果他們的結論是股市已經漲到頭了，他們將開始拋售股票，股市就可能開始下跌……

第二類是**專業投資者**。他們在股市裡待了很長時間，十分瞭解股市，他們見得多、讀得多、學得也多。他們的操作通常謹慎而明智，因此賺了不少錢。

第三類就是**大眾投資者**。普通民眾通常會在股市快到頂的時候進入股市，以過高的價格從第一類和第二類投資者手中購買他們拋出的股票。第一類和第二類投資者一般是在股市行情處於低谷或者經濟剛復甦時買入，幾年過後，當電視新聞每天都在談論股市不斷攀升時，他們就開始拋售股票了。

我的股票投資經驗

這讓我想起多年前我操作石油股的情形。上世紀八〇年代和九〇年代，一批鑽井公司來我居住的區域尋找海上石油和天然氣。在持續了解之下，我發現當電視臺記者們報導鑽井平臺開始鑽探的那一天，石油股價已經攀升到了最高值。接下來的幾天裡，股價隨著投資者的情緒而上下波動，他們因為石油勘探的不確定性普遍產生焦慮，所以股票價格才會下跌。

其實，投資股市的方法很簡單。當我讀到某家上市公司將把鑽井平臺搭建到我所在區域的報導時，我會立刻買進這家公司股票。一般來說，這些報導僅討論到鑽井平臺將在幾個月後進駐，此時還不會提到股票。

在鑽井平臺將搭建的三、四個星期前，這家公司的股票價格開始慢慢上漲。報紙上刊登著鑽井公司進駐海上的照片，讓大家對股市的預期不斷提高，每天都有大批新增股民湧入股市，所以股票價格開始上漲。在鑽井平臺正式啟動的前幾天，股票立即開始大幅上漲，一直漲到鑽井開始的那一天。而那一天，正是我拋出股票的時候，因為一般來說，那是股價達到的最高值。那些等著看黑色石油噴發出來的人，最後只能看見自己眼前的一片黑暗。

這個故事剛好說明了股市上反覆發生的一件事，就是大眾投資者總是在股市最高點時才進入股市，等著報紙和電視上所說的豐厚回報，而專業投資者此刻卻已經在數帳戶裡賺到的錢，並開始尋找不為人知的下個投資項目了。

言下之意就是，做為一個股民，你的目標是從第三類賺不到什麼錢的大眾投資者轉變成第二類專業投資者。

現在我們知道了股市、股票、募股以及股市投資者。接下來，讓我們來瞭解一下究竟是什麼在影響股市的波動，影響股市每一輪的上漲和下跌。

除了經濟形勢，影響股市的最重要因素是大眾和商人的心情。如果他們心情好，股市就會上漲，如果心情不好，股市就會下跌。

什麼時候心情會好呢？

一、經濟形勢良好的時候。
二、政府執政地位穩定的時候。
三、商人認為政府的財政政策有利於經濟發展時。
四、與曾敵對的國家擁有實現和平的機會時。
五、美國與以色列關係友好，美國政府支持以色列時。
六、能夠推動國家經濟發展新移民的到來時。

七、銀行利率下降時。

什麼時候心情會不好呢？

一、發生戰爭時，被戰爭氣氛籠罩時，巴勒斯坦人武裝起義爆發時，嚴重恐怖襲擊發生時。

二、銀行利率提高時，人們傾向於從銀行獲取更加安全的利息，而非到股市尋求風險投資回報。

三、經濟資料顯示失業率居高不下時。

四、政府執政地位不穩，經濟上無法做出決斷時。

五、政府提高稅收時。

六、金融風暴來臨時。

在特拉維夫證券交易所投資過的人都知道，美國股市打個噴嚏，整個以色列股市很可能遭遇一場洪災。一個最好的例子就是始於二〇〇八年最後一個季度的金融危機。以色列股市受到美國股市的巨大影響，你完全可以感受到美國股市下跌帶給特拉維夫證券交易所的衝擊。

現在你就知道，什麼時候進入股市，什麼時候開始投資，這些都是你必須瞭解的重要內容。有時，投資股市可能不是個好選擇，需要等待別的專案進行投資，並非任何時候都是投資股市的好時機。

每天有數百支不同類型的股票在以色列證券交易所進行交易，但從交易金額上看，大部分交易都是特拉維夫二五指數裡的那幾家公司公司進行的，這裡面有以色列各大銀行、梯瓦制藥、以色列股份有限公司、以色列電信公司、以色列移動電話公司、以色列食品生產商、以色列最大的食品公司、以色列航空公司以及以色列化工有限公司等。

投資股市還是存錢？

在進入股市之前，你應該弄清楚「存錢」和「投資」的區別。這很重要，「存錢」就是我們將每月支出後剩下的一筆錢累積起來。例如，你每個月能餘下五百謝克爾，並確定這筆錢不會再用於其他消費，這就意味著你每月存下了五百謝克爾。

小提示：直接轉存能幫你把存錢的想法付諸執行。如果你以為每個月自己可以親自打理，那麼你很快就會發現有各種各樣的藉口阻止你。

與此相反，「投資」則是用你每月積攢的那五百謝克爾或者別的資金尋找能為你帶來高回報的方法，前提是要確保本金不會受損。例如，你用近一年裡存在銀行裡的六千謝克爾購買股票，這就是一種投資。

在投資股市、外匯或債券等產品之前，應該考慮以下幾點：

一、我們有多大的風險承擔能力？低級、中級還是高級？

二、我們計畫投資多長時間？短期，指的是幾天或幾周；中期，指的是幾個月；長期，指的是幾年？

三、我們對於本金的可流動性要求高嗎？你是希望隨時可以撤回本金用作別的用途，還是希望較長時間內不動用這筆錢，以享受更高的回報？例如定期存款，存款期限愈長，回報率就愈高。

四、哪些東西值得我們投資？

銀行儲蓄

指的是在指定時間內把錢存在銀行裡以獲取利息。這種投資方式比別的方式更安全，不過通常它的回報率比別的投資類型要低。

債券

用比銀行存款利率更高的利率，貸款給某個公司，不過風險比儲蓄要高（後面還會談到債券）。

股票

跟前面兩種投資方式比起來，股票風險明顯要高很多，但是透過對股市的瞭解，你一定能抵禦大部分的風險，賺得更多。

期貨和外匯投資

非常危險的投資方式，可能會帶來巨大收益，也可能讓你在還沒弄懂如何運作之前就讓你的錢全部蒸發。

正如你所看到的，風險大小和機會大小成正比。對於新手投資者來說，應該選擇風險比較小的投資項目，慢慢學習和瞭解這個全新的領域。你隨時可以拿著你的錢去冒險，但如果你的銀行存款都沒了，你將不得不從頭再來。

指數

股市上有很多衡量股票表現的指標，「指數」是衡量股票所占權重的工具，它為投資者顯示出指數內各支股票的發展方向是積極還是消極，是上漲還是下跌或是沒有變化。

最重要的指數被稱為「特拉維夫二五指數」，它包含了市場交易額最大的二十五支股票，其中有我們已經提到過的以色列電信公司、梯瓦制藥、馬克沁阿甘公司、以色列股份有限公司、以色列銀行、非洲以色列投資公司、以色列食品生產商、以色列最大的食品公司等企業的股票。

每支股票在指數內佔的權重不一樣。例如，梯瓦制藥的股票佔的權重要比其他股票更大，因為它的每日成交量很高。不過就算是最活躍的一支股票，它在指數內佔據的權重也不能超過九點五%，這樣就限制了它對指數的影響。完整的股票列表幾乎每天都能在報紙上看到，在接下來的篇幅中也會學到。

另一個指數叫做「特拉維夫一〇〇指數」，包括特拉維夫二五指數裡的二十五支股票以及交易額僅次於它們的七十五支股票。

還有一個指數是「小盤三〇指數」，包括了流通市值較小的股票中交易量最高的三十支股票。相比特拉維夫一〇〇指數裡的大規模公司運作，小盤三〇指數代表那些運作規模比較小的公司。

也就是說，除了一百支大盤股票，還有很多小盤股票。

還有一個指數叫做「房地產一五指數」，包含了國內從事房地產行業的十五支大公司股票。當房地產一五指數上升，表明房地產公司的經營狀況改善，有投資者購進股票，出現了買盤，直接提高了股票價格，房地產一五指數也同步攀升。

類似的還有「金融一五指數」，它涵蓋了市場上最大的十五支金融股票，包括保險公司、銀行等企業的股票。還有科技指數，包括高科技和電腦領域的股票。也有銀行股票指數，可以跟蹤上市銀行的表現。

指數這個工具可以讓我們瞭解投資者的喜好，以及不斷變化中的資本市場的最新趨勢。這些指數裡的股票列表會不定時更新，有些股票會掉出某個指數，新的股票會估據它們的位置，一切都由上市公司近幾個月的經營狀況來決定。那些經營狀況良好、成交量增加的公司將會排在那些經營狀況差、成交量減少的公司前面。

例如，有五十支房地產股票，在房地產一五指數裡出現的只會是它們當中市場表現最好、成交量最大的前一五家公司的股票。

此外，你還要明白，如果特拉維夫二五指數上漲一%，並不代表指數裡沒有下跌的股票。同樣，如果特拉維夫一〇〇指數上漲一%，而特拉維夫二五指數卻下跌了〇點五%，這也是有可能的，因為特拉維夫一〇〇指數的上漲可能是其中市值最小的股票拉動的。

這些指數每年更新兩次，分別是在一月一日和六月一日。證券交易所會考察過去半年裡上市公司的市場表現和市場價值，看看哪家公司的市值增長了，哪家的市值下降了，根據考察結果，那些交易量減少的公司股票會掉出指數，新的股票將被納入指數。

每家公司都想被納入指數之中，因為共同基金會買進各個指數裡的股票，進而把股價推高。沒有被納入任何指數的股票，其成交量和市值通常會比那些已經納入某個指數的同類股票要低。

第17篇

別再等了，現在就開始賺錢！

你要知道，僅憑你對金錢的渴望是賺不到錢的，
人人都渴望得到金錢。
如果只有對金錢的嚮往，而不去行動，
你什麼也得不到。
為了讓錢來到你身邊，你必須先走向它那裡。

學習理財並不是要讓你成為苦行僧。儲蓄只是你人生的其中一個方向，而你的另一個方向是通過擴展收入管道創造收入，讓你過更富足的生活。同時，你也可以學習如何讓你銀行帳戶裡的錢變得更多。

大多數成年人都傾向找一份穩定的工作，用工作收入負擔房貸和水電費。如果你賺錢的目的只是解決溫飽問題，那麼你賺的錢也只夠你養家糊口。但要是你想賺更多的錢，有提高生活水準的願望，那你發財的機會也就大得多。

一切都取決於你自己。

管理銀行帳戶裡的積蓄有某種運作方式，這個方式一定要正確，否則不論你多麼聰明有才華，也不可能管理好銀行帳戶。有人已經找到正確的生財之道，也有些人還沒有找到。我今天想告訴你的第一件事就是，讓別人賺錢的方法同樣也能幫你賺錢，只要你願意按照方法執行。

你要知道：僅憑你對金錢的渴望是賺不到錢的，人人都渴望得到金錢。如果只有對金錢的嚮往，而不去行動，你什麼也得不到。

看看周圍，大量的金錢在你看不到的地方流動著。人們購買別人銷售的商品，很多公司以天文數字被收購，新的企業不斷創立並變成新的印鈔機。那些曾用自己全部財產當做賭注賺錢的人，現在正每天早上排在銀行門口，把手上拎著的一袋又一袋鈔票存進自己的銀行帳戶。

幾年前才創辦的公司，老闆現在已經有資本再去創辦新企業，用賺來的錢嘗試拓展業務、投資新項目、享受生活樂趣。咖啡店變成了連鎖店，麵包店也開了新的分店，解決軟體和硬體問題成為眾多創業公司的起始點，這些只是眾多可能的幾個例子而已。

幾個創業者從義大利引進機器，開創出一種全新的冰淇淋樣式。他們把冰淇淋和不同尺寸厚度的吧嗒餅組合在一起，一套全新的產品問世了。在市中心新開的分店裡，每天都有上千人排隊等著嘗鮮。擁有奇思妙想的人總是希望遇到資金雄厚的投資者，與他們合作開發新的產品。

勇敢創業

其實，你做的那些白日夢都可以成真。

年輕人的夢想正在變成財富，總有人願意為那些敢想敢做的人提供資金支持，這樣的事每天都在你的身邊發生。別人並不一定比你強，他們只是搶先一步走在你前面而已。

和賽跑不同的是，誰最先出發並不重要，因為當你邁出獨立創業的第一步時，你面前的道路就是自由的、充滿無限可能性的，只要你不中途放棄，最後人人都會是贏家。

在開始這個漫長旅途之前，你需要明白和記住幾件事：

一、這個世界上有足夠多的錢等你去賺。

二、如果不行動起來，任何想法都不會自動變成現實。

三、你必須立刻行動。

四、要讓夢想成為現實，你必須牢記夢想，讓它們真的來到你身邊。

五、相信自己一定能做到（那樣你就真的能做到）。

如果夢想是一匹馬，在你騎上它之前，要先裝上馬鞍。上面的五條原則是你開創人生新天地的核心重點，裡面隱藏著數百萬人的成功祕訣，至今仍然屢試不爽。

一、這個世界上有足夠多的錢等你去賺

忘掉那些沒用的故事吧，如果你不是在印度或西藏某座高山寺廟出生的人，你就一定需要用金錢滿足自己。如果沒有錢，你就不可能在精神或物質上享受完美生活。貧窮無法提供你想過的生活。

我看過很多失敗者活生生的例子，他們在成功前就已被自己固有思維擊敗。這些人覺得愛錢不對，他們認為這是一種貪婪。但我從沒聽過有人能在沒錢的情況下還能提升能力和思維。**要想讓自己的能力發揮到極致，你需要錢的幫助。**你不一定要成為百萬富翁，但你要掌握足夠多的工具，而這對每個人來說絕對可以實現。

因為，這個世界上有足夠多的錢等你去賺。

我們可以把金錢比作石油、鑽石、貴金屬這類自然資源。我們都知道，不是所有的自然資源都已被發現開採，有很大一部分至今還未被發現。同樣的，金錢來源和賺錢方法有待發現。這個世界遍地都是錢，想賺錢的人總有辦法賺到錢。不必太慌張，也不必擔心錢被別人搶光，要堅信你能賺到錢，因為錢真的太多了，你也有份。有足夠多的錢屬於你，它正在某個地方等著你。

為了改變你自己和你所處的環境，你必須改變你的固有思維模式。

那些思想還停留在上世紀九〇年代的人會認為，如果你沒在多年前買下一塊地或者出生在一個富裕家庭，你這輩子就沒有致富的機會。

事實證明，這種想法是錯的，高新技術領域的發展讓世人知道，大量的金錢還沒有被發現。有人覺得高科技領域不會再出現新的可能，但其實在高科技領域中每天都會出現一些新的賺錢管道。

如果你想賺錢，你應該知道金錢其實無處不在。很多賺錢方式還沒被發現，在未來幾年裡，你會看到世界上有幾百萬人不斷地賺錢，因為，這個世界上有足夠的錢讓所有人去賺，你也會是其中一個。

二、如果不行動起來，任何想法都不會自動變成現實

金錢無法自己產生，也就是說，錢不會自己來找你，你必須主動去得到它。一開始你要主動接近它，通過各種方式尋找它，讓它到你身邊。之後你就會發現，你賺到的第一筆錢會像磁鐵一樣去吸引更多的錢。但在一開始，你沒有別的選擇，只能主動出擊。

由此可以得出一個結論：為了讓錢來到你身邊，你必須先走向它那裡，也就是

說你必須行動起來。聽聽「專家們」怎麼說的吧，他們會告訴你什麼事不能做，為什麼不能做。

剛開始時你就像在播種，一部分種子可能因為各種原因無法開花結果，例如發育不良，或是優良的種子被不知從哪兒飛來的鳥給吃了，又或是種子發出的小苗被田間的大車輪不小心碾壓等等。

新播種的種子生長初期會遇到許多敵人，但只要有一粒種子在肥沃的土壤裡茁壯成長，它就會為你開創出一整個世界。發芽的第一粒種子十分重要，因為它會長成小樹苗再變成大樹，它的果實能繁育出更多的果樹，這些果樹又能繼續結果。

三、你必須立刻行動

要獲得成功，一定要朝著正確的方向進發。很多優秀的人一生都在等待機遇，卻從來不採取行動，所以哪裡也到不了。

要想實現成功和進步，你必須讓自己時刻處於活躍狀態，馬上行動起來。

為了征服你心中那座高山，必須現在就出發。當你讀完這本書之後，你就應該行動起來，朝你的理想前進。如果你現在還沒有什麼想法，可以用一百天的時間去閱讀、諮詢和思考你可以開發的新方向。

如果你正站在人生的十字路口，那麼你應該在一百天之內選擇並走上新的道路。如果你現在做，以後可能永遠也不會做了。如果這幾行文字觸動了你，讓你有了行動的想法，那就表示你有了渴望，你覺得自己有能力做到。

有一點我敢肯定，要想鍛煉你的能力，必須立刻行動。

人生的計時沙漏從此刻開始運轉起來了。我的朋友，你沒有別的選擇，必須出發。歡迎來到夢想俱樂部，行動起來吧！

四、要讓夢想成為現實，你必須牢記夢想，讓它們真的來到你身邊

若想成功完成你想完成的事，例如創業、攀登心中的高山，首先必須牢記即將發生的事，如此一來你的頭腦才會領你邁入正確的軌道。想讓夢想成為現實，你必須牢記夢想，才能讓它們真正發生。你要相信它們終有一天會發生，那麼它們就會真的發生。你今天在腦中播種下的東西，會變成你明天的收穫。

也許聽起來有點奇怪，但這其實是世界上最重要的祕密之一。當你有了某種想法，你的腦中會浮現出一個圖像，經過一段時間之後，你愈來愈認同這個想法，感

覺它已經嵌入你腦中了，那時你腦中的圖像會慢慢成為現實中的事物，並且初具雛形，你的想法會被轉化成文字和行動。

當你認真深入地思考一件事，並且特別希望它發生時，這其實就是一種請求，是你在讓那些被轉化成文字的想法來到你身邊。當你開始說出你的願望，你的話就會化為行動，因為通常都是文字引發行為。

英國詩人白朗寧（Browning）說的好：「思想是行為的靈魂。」

只是坐在咖啡館喝特濃咖啡和吃杏仁牛角麵包是遠遠不夠的，你必須邀請你的夢想靠近你。同樣的，只是想做什麼、想改變什麼、想創業也遠遠不夠，你必須邀請它們到你這裡，它們最後一定會來。

五、相信自己一定能做到（那樣你就真的能做到）

世界上最強有力的一句話就是「我做得到！」當一個人認為自己能行，他就能實現自己設定的目標。實際上，根據想法的不同，可以把人分成三種：

一、對自己說「我什麼也得不到」的人。

二、對自己說「我想要得到一切」的人。
三、對自己說「我可以得到一切」的人。

第一種人將一事無成，因為他們在想法上就已經投降了。如果他們的腦中明確存在著投降的想法，那就沒有任何人能驅使他們朝目標和理想前進。第二種人將一直坐在看臺張望。他們雖然有夢想，但卻不覺得自己有能力實現夢想。和前兩種人不同的是，第三種人認為自己能夠得到想要的一切，沒有什麼能阻止他們做想做的事。意志力將為他們照亮通往成功的路，並支撐他們克服一切障礙。

蕭伯納（Bernard Shaw）曾說過：「一般人只看到已經發生的事情，並問：『為什麼會這樣呢？』我卻夢想從未有過的事物，並問自己：『為什麼不能呢？』」

看看上面提到的這三種人，唯一能區別他們的地方，就是對自己說了什麼以及對自身能力的信心。

人的意志力透過嵌入腦中的想法建造，是自己為自己建造的。你要對自己充滿信心，每天對自己重複說：「我可以做我想做的事，我能夠實現自己設定的目標，我有能力去實現我的夢想。」這樣，你就在自己腦中注入了一股強大的力量，這股力量會引領你走向最終的成功。

思想創造現實。如果你缺乏意志力，就要從現在開始培養它，說服自己能夠把想法付諸實施，享受充實人生。改掉猶豫不決的毛病，目標明確地告訴自己「我做得到！」這樣才能改變自己的人生。

從此刻起，你每說一次「我做得到！」就是朝著成功的方向又前進了一步。你的大腦和潛意識會接收這些資訊，並將它們變成現實。這會持續地激發你在大腦指引下朝目標前進。

愛因斯坦曾經說過：「偉大人物經常會受到懦弱世俗的強烈反對。」

為自己描繪一幅成功的圖像吧：成為一個有錢人、一位畫家、一名運動員、一個成家立業的人，或是任何你想成為的人。看看你能將這幅圖像保存在腦子裡多久，你的大腦會如何將這幅圖像轉化為你必須做的事。你要明白，你的能力並不比那些各領域的成功者差，你絕對能夠在你選擇的領域裡取得成就。

相信自己！這就是成功者和失敗者的唯一差別。不管你現在是十五歲、二十五歲還是四十五歲，處處都有新的機會，你可以發明一個新事物，開發一個新的應用程式，去更新、去升級、去改進、去創造、去購買或者銷售，機會無所不在，你需要做的就是去觀察，學習換個角度思考問題。

網路和智慧型手機的領域，無時無刻不斷更新，實現者和助推者正是和你一樣的年輕人。既然他們可以，你也可以。是的，你也可以為自己創造一台生財的機器。擺脫束縛，去尋找你的下一個目標吧。

不要害怕嘗試，失敗了也沒關係，愛迪生發明燈泡還試驗了一千次呢。

第18篇
年輕人，去工作吧！

除非是字典，「成功」才可能排在「工作」前，
你賺的每一分錢都會對你產生幫助，
你做過的每一份工作都會讓你比別人多一份經驗。
所以，去工作吧！
就算是很短的時間，也值得去做。

想讓「成功」這個詞排在「工作」之前，除非是在字典裡。想要有錢生活、有錢買東西、有錢可以儲蓄，你就必須工作，也應該工作。不管你是個少年、軍人或者是個學生。每一份工作，就算時間不長，也比玩樂幾個小時要好得多。

你賺的每一分錢都會在現在或將來對你產生幫助，你做過的每一份工作都會讓你比別人多一份經驗，包括專業經驗、從業經驗、勞資關係經驗、處事經驗等等。所以，你應該去工作，就算只是很短的時間，也同樣值得去做。

在本篇中，我將為你介紹一些履歷或一對一面試找工作的小竅門，希望你能記住這些祕訣。

適當地放入情感

在履歷中或是面試時加入一些情感，會增加被錄取的機率。你可以描述任何你喜歡的東西，讓你開心或是感動的一句話，都能讓一份原本顯得普通的履歷變得鮮活生動、富有靈魂。

適當地表達情感容易讓讀者產生共鳴。但要注意不要使用太多，因為你的目的是為了引起人資興趣，一個句子當中最多使用一個情感詞就夠了。

只說真話

千萬不要說與事實不符的謊話。雖然你很想寫一份給人印象深刻的履歷，但你必須保證它絕對真實。在過程說出謊言會把你打回原點。寫履歷時一定要以事實為基礎，不要讓別人懷疑它的真實性。人資、面試官或者你的老闆可能會忽視你某方面的不足，但絕不會接受你在履歷上弄虛作假。

資訊聚焦

盡可能將你的求職資訊集中。在接受面試或者寫履歷時，要將你的資訊集中：應徵的職位、應徵的公司名稱、有何特別之處、有什麼才能、有哪些經歷等等。根據不同情況選擇用詞，並制定相應的策略。你要知道自己想傳達的資訊給面試官，就像狙擊手要瞄準目標一樣。

事前做好功課

有時候，適度地讚美面試的公司會給面試官或者人資留下好印象。在此之前，你需要做一點功課，準備一些像是「我渴望成為貴公司一千五百名幸福員工中的一員，為公司的發展盡一份綿力」這樣的句子，以顯示你知道這家公司有多少名員工，你認同這家公司並透露自己不只是為混口飯吃才來面試，特別是你還關注公司的發展。

對很多人資來說，這樣的句子相當有分量。

簡明扼要

面試官或人資會收到大量的求職申請，如果履歷超過一頁，他可能只會快速掃視一眼，很可能會錯過你想強調的重點。寫一些和職缺有關的關鍵字可能會讓對方對你感興趣。

例如，如果你拿到了水肺潛水證書，還曾救過你的潛水教練，你可以寫入履歷。但如果你應徵的職位是一家大型連鎖店的銷售經理，你就應該用其他資料證明你有能力勝任這項工作，而不是提到潛水和救人這些與職缺毫不相干的事情。

使用對方的語言

如果你應徵的職缺有某種用語習慣，那就用這種用語寫履歷，這樣，人資看到你的履歷就能看出你具備這項技能。如果應徵的職缺需要熟悉某種外語，那就用這種外語撰寫履歷，這會使你更有說服力。

用事實證明

你要記住，你不是在寫詩，而是在用事實證明你的能力。除了高級的措辭和使用敬語以外，如果你想傳達給人資明確的資訊，你就應該使用確切的名詞。

不要複製，要創造

運用新的敘述內容而非陳腔濫調。新鮮的內容會讓人資眼前一亮，讓他想要繼續看下去。一些不常用的表述可能更吸引面試官，例如，藝術工程師、高級員工、銷售奇才。新奇的形容詞能夠吸引人資的注意力，讓他想繼續閱讀。切記，打造第一印象的機會只有一次。

根據要求，量身訂做履歷

如果廣告上招聘銷售經理，你就寫你當過銷售經理。如果廣告上要招聘業務，你就寫你當過業務。如果是要招聘祕書，你就寫你當過祕書。具備適應職位的能力會讓你搶得先機，因為人資想找有相關工作經驗的應徵者。如果你寫明自己曾經做過類似工作（當然不是說謊），一定會更受歡迎。

使用最常見的字體

不要用用特殊字體列印履歷。另外，如果你不是十拿九穩，千萬不要手寫履歷，要用電腦列印。盡量使用清晰明瞭的常見字體，例如 Times new Roman 或者 David 字體⑫。避免在文件周圍添加裝飾或框架。

收集可用在履歷的新詞彙

盡可能多地閱讀你所從事領域的相關資料。盡可能地收集該領域的詞彙，就像收集情報和武器。你所收集的詞彙量愈多，你精準傳達資訊的能力就會愈強。紀錄下你接觸到的新詞彙，學會使用它們。

不要暴露一切

你的家庭狀況如何、在軍隊服役時做過什麼、你幾歲、上一個公司名稱是什麼，最近十年裡你換了幾個工作……很多求職者主動在履歷寫上這些內容。其實，與其寫這些不一定能幫到你的資訊，還不如在履歷上騰出一點空間，談談你具備的能力和優勢，以及如何將它們運用到你應徵的職務上。如果你應徵的是軟體工程師，沒有人會管你現在是結婚還是離婚。如果你想去電信公司，那你曾在裝甲部隊服役的事情就不重要。

你想強調自己曾在軍隊服役，只是為了避免別人對你產生消極印象，僅此而已，除非你應徵的職務對服役經歷有特別的要求，例如你應徵的是以色列國防軍電腦維護單位。

年齡（太年輕或者太老）、子女數量（有一個或者十個孩子）、最近換過幾個工作單位這樣的細節，寫在履歷上可能弊大於利。所以，如果沒有特殊要求，不要主動提供這類資訊。要讓人資對你好奇，當他主動向你詢問其他資訊時，就意味著

⑫台灣常用的中文字體為新細明體或標楷體。

你即將進入下一個階段，也就是面試階段了。

一張照片勝過十句話

建議在履歷放上一張好照片。一張好照片能讓人留下好印象，並將履歷的內容和人的形象連結起來，增加你進入第一輪的機率。

但是，一定要專業。準備的照片要符合應徵職務的要求，要拍專業的人像照，不要用照像亭的快照，那樣拍出來的照片看起來很廉價。拍照時的穿著也很重要，西裝或者深藍色襯衫會讓你顯得更職業，白色襯衫適合從事金融或法律行業的人，綠色襯衫適合從事醫療行業的人。

選擇領帶也要謹慎（如果你要繫領帶的話），必須選擇一條能傳遞正面資訊的領帶。耳環、鼻環或者濃妝萬萬不可。

即使沒有額外要求，你也應該在履歷上貼一張彩色個人照片。好的照片能讓人對你產生親切和熟悉感，讓默默無聞的你變得獨特。別忘了，拍照時要微笑哦！

引用名人佳言為你加分

在履歷結尾引用一句個性化的名言，用幾個詞傳遞出生動有趣又充滿智慧的資訊，能讓你在獨創性上加分不少。大家都喜歡讀名人佳言，引用名人佳言可以利用名人效應幫你。做得聰明一點，認真挑選一句名言，別忘了寫這句話是誰說的。

用文字感動別人

試著站在閱讀者的角度體會讀到你的文字時的感受，你要感動他，讓你的文字滲入他的潛意識，達到你想要的目的。

投其所好

如果你想推銷減肥產品，就要多說一些與瘦有關的詞。如果你想賣車給年輕人，就要多說一些酷炫的詞。如果你想賣保險，就要多用和安全有關的詞。如果你想推銷學習課程，就要向對方保證學完後能拿到相關資格證書。

在選擇用詞的時候，一定要思考客戶想得到的好處是什麼。找工作也是一樣的道理，要把自己當做一件商品來推銷。

學會推銷自己

在履歷裡列出你曾做過特別的事、擁有的特殊才能、取得的重大成績以及獲得的獎勵等等。你的每一份工作和你做過的每一件事都很重要，要向別人展示你如何取得這些成績，這樣才能讓你順利進入下一輪面試。

多準備幾份履歷

準備五份不同的履歷，每一份都要投入百分之百的精力，然後讓你的家人和朋友讀這五份履歷，從中挑出一份最好的、能讓人發出驚嘆的履歷。你要記住，每一份履歷都有生命，而生命力更強的那份履歷才能真正代表你。

公眾人物和名人

如果你曾和某位知名的公眾人物共事，可以在履歷裡提到。人們通常認為，既然你曾和某位名人共事，那就表示你獲得了他的認可，這可能幫助你更快地通過第一輪篩選。

履歷只針對一人

寫履歷時不要針對很多人，不要向眾人介紹自己，要把資訊彙集起來只針對一個人說話。想一想即將看到你履歷的人，選擇一些只針對他一個人的用詞。

如果你用複數稱謂寫履歷，讀履歷的人會覺得你提供的所有資訊都是給「他們」的，而不是給他「一個人」。舉例來說，如果你需要我做什麼事，你應該寫「請你」而不是「請你們」。同樣地，不要面向許多人介紹自己。「你們」或者「對你們而言」更合適用在別的地方，記得，履歷裡一定要用單數稱謂。

推薦信

如果你想把前任老闆給你的推薦信加入你的履歷中，請選擇真正欣賞你的老闆寫給你的推薦信，不要選擇一些敷衍了事的推薦信，例如使用「為了讓公司滿意而努力工作」或者「認真完成任務」這樣的句子。你的新老闆能夠分辨出哪些推薦信與眾不同，哪些只不過是在履行義務而已，這樣空泛的推薦信並不會為你加分，只會為你減分。

設計簡約，盡量放入訊息

履歷要用Ａ４尺寸的白紙單面列印，按時間順序列出你的學、經歷，如果獲得了某學位，要註明學位名稱、獲得學位的日期以及學習機構的名稱和地址。如果擁有某項專長，請出具專業證書，註明獲得證書的時間、培訓機構名稱以及你目前所在的專業機構名稱。如果你在某知名期刊發表過重要文章，別忘了寫到履歷裡。

為什麼我適合這個職位？

寫履歷前，你應該思考這個問題，並寫下答案。列出你認為自己適合這個職位的十條理由，把其中最具代表性也是最佳的幾條理由寫進履歷。如果你說服自己，認為你是適合這個職位的人選，那麼你也能說服別人。

認真讀一遍履歷

當你用自認為完美的措辭寫完履歷之後，請人大聲朗讀這份履歷，你要認真聽，然後再讀一遍給別人聽。完成之後，評價一下這份履歷給你的感覺和給別人的感覺分別是什麼，你想傳達的資訊是不是都成功傳達了，你精心設計的語句讀出來是不是像你想像得那麼完美？

使用吸引人的詞句

不要再用那些老掉牙的詞句，在你每天接觸的海量資訊中找出一些吸引人目光的詞句，那些能對讀者或聽者產生刺激，能讓他們停下來關注資訊的字眼就是你需要的好詞。

到處都能聽到的中規中矩的詞彙產生不了其他反應，稍縱即逝，只有吸引人目光的詞句才能幫你達到目的。

珍惜每個機會

你只有一次機會贏得面試官或人資關注。履歷篇幅不要太長，因為他們沒時間讀。現在的人收郵件、看報紙或電視上的廣告時都沒有耐心了，何況是眼前擺著的一大堆履歷。

所有廣告商都知道，一旦廣告開始播放，觀眾就會起身去做別的事，必須在短短幾秒內把他們拉回到座位上；同樣的，你也只有短短幾秒鐘時間吸引人資的注意，所以一定要切入重點，說出你想說的話。

莎士比亞曾說過：「簡潔是智慧的靈魂。」值得深思。

詳細介紹經歷

當你描述你曾在某家公司的工作經歷時，建議你一併寫上曾經擔任過的職位以及該公司的業務簡介。因為人資可能對那家公司並不熟。你原本以為擁有該公司的工作經歷會成為應徵的優勢，但可能會因為人資對這家公司不了解，無法實現你預期的效果。

避免出現錯誤

發送履歷時，確保履歷裡沒有錯字或措辭不當。有時候，一個小小的錯字或是不恰當的措辭會留下負面印象，你的應徵資格可能因此而取消。所以，你必須反覆閱讀履歷，並且讓文筆好的朋友檢查一遍。文句不通順或錯字最容易讓你失去新職務的資格。

你可以做得更好

有個故事：一家公司的總經理請負責市場行銷的副總經理替他寫一篇產品文章。第二天，副總經理把寫好的文章裝進信封裡交給他的老闆。兩小時之後，他收到了那個信封，信封上多了一句話：「你可以做得更好」。於是副總經理坐下來修改文章，更換了部分用詞，調整語句順序，突顯文章風格。

然後，他再次把文章交給總經理。兩小時之後，他又收到了那個信封，上面寫著同樣一句話：「你可以做得更好」。副總經理再一次修改和精簡文章，又再次交給他的老闆。

這個過程重覆五次後，副總經理最後一次遞交信封，並同時發了封電子郵件給老闆，上面寫：「這是我能做到的極限了」。老闆很快地回了一封令他驚訝的信：「既然如此，那我這次就讀一讀吧。」

讓你的履歷與眾不同

在這裡，我並不是想告訴你，以最好的方式呈現資訊的方法。我想說的是，人資每天都必須閱讀幾百份大同小異的履歷，想讓履歷脫穎而出，必須與眾不同，這一頁紙就是發揮你創造力的戰場。如果你寫的東西和所有人一樣，那麼你的命運也會和他們一樣。老闆們都希望看到一些不一樣的東西，給他們一點創意的火花吧！

使用有貢獻的詞

檢查一下你的用詞是否有助傳達你想要傳達的資訊？你傳達的資訊裡是否混進了一些贅詞或者反作用的詞？如果起不了任何作用，那就替換或者刪除。記住，人資沒有時間閱讀那些多餘的詞。使用那些有貢獻的詞彙，刪掉無關緊要的詞彙。

站在老闆的角度

寫履歷時，你要從老闆角度審視履歷。想一想他會如何評價？如果你是老闆，你想看到什麼？你會希望看到哪些特別、一般求職者並沒有具備的內容？

居住地點

老闆們總是更青睞那些住得離公司較近的求職者。如果你住在公司附近，一定要寫出來或者說出來。如果你住在郊區或者大家比較陌生的地方，你要註明這地方離公司多遠，或者靠近哪個大家較熟悉的地標。另一方面，如果住處離公司很遠，而你又想去這家公司工作，你要知道這很可能成為求職過程中的障礙，不要特別強調這一點，最好完全不要提及。

自我介紹信

最近幾年，國外流行的習慣也傳進來了，那就是在履歷後面附上一封自我介紹信。自我介紹信通常隨著履歷一起遞交，上面寫著自我介紹和自身具備的技能，向人資說明自己為什麼適合這個職位。並不是每個單位都會看這樣的介紹信，但如果你覺得一頁紙的履歷無法完全列出你的才能，你可以考慮加上一封自我介紹信。不過要記住，時間是一個很重要的因素，太長的介紹信可能會石沉大海。

多種聯絡方式

別忘了在履歷裡寫上聯絡方式，例如家裡電話、手機、電子郵箱或者通訊地址，以便人資及時聯繫，約定面試時間。如果你面試成功，但是卻聯絡不到，那你等於放棄了這個機會。

保持謙虛

就算你有很多的優點，最重要的一點是在履歷中保持謙虛，不要表現出傲慢或苛刻。除了提供適合職位的證明之外，不要隨便在履歷裡放入八卦內容。

使用承諾、要求和聲明的詞彙

可以在履歷中加入一些帶有承諾、要求和聲明的詞彙。帶有承諾性和保證性的詞彙有：保證、承諾、發誓、牢記、有義務、有責任。帶有要求性的詞彙有：建議、詢問、推薦、請求、督促、要求、堅持。帶有聲明性的詞彙有：宣佈、聲明、授權、呼籲、公佈、任命、開除、贈與、轉交、想要。

美化曾擔任過的職位

寫履歷時特別注意強調和美化你曾擔任的職位。例如，不要用「售貨員」這樣的詞，而要寫「業務」；不要寫「負責銷售部門的工作」，而要寫「銷售部經理」；不要寫「負責業務部門的工作」，而要寫「業務主管」或者「業務總監」；不要寫「負責修理車輛」，而要寫「車輛維修部經理」等等。

你要把你做過的工作進行包裝，給它一個漂亮的頭銜，這將會幫助你進入下一輪選拔。人資會閱讀並接受你所寫的內容，一方面你不能欺騙他們，另一方面也不能過低地評價你曾擔任過的職位，而應該使用適當的詞來美化它。

不斷進步

你必須透過履歷傳遞出：隨著時間，你曾任的職位也不斷提升。顯然地，人資更喜歡那些不斷進步的人，而不是那些往後倒退的人。

你一定要證明，你總朝著對的方向發展，而不是倒退。要按時間順序排列工作經歷，最先列出最近的工作，依序排列，因為人資對你最近做過的事更感興趣。

提交履歷

交履歷時，最好把篇幅控制在一頁內。因為第二頁可能被誤認為之前或之後的人的。如果第二頁履歷對你來說很重要，那就在第一頁履歷註明 1/2，在第二頁履歷註明 2/2，避免發生錯誤。同時，也應該在第二頁履歷寫上名字。

更新日期

履歷的修改日期要更新到提交履歷的當天，不要偷懶，也不要耍小聰明，例如塗改以前的日期，再手寫上新日期。每次交履歷都要寫上新日期，重新列印，否則將無法達到你的預期目標。

為特定職位設計履歷

根據職位設計履歷。要在一開頭就列出相關資訊，說明這個職位為你量身打造，不要光說自己能勝任。人資想要找的是最適合的求職者，就像是手和手套的關係一樣，你要靠你的履歷傳達這樣的訊息，你就像那副手套一樣，完全適合這份工作。實地調查、收集這家公司以及這個職位的所有消息，你才能用最恰當的語言讓你的履歷散發光彩。

每一份履歷都必須要有的東西

一、應徵職位的名稱和編號，個人資訊包括身份證字號、姓名、住址、電話、電子郵件、出生日期。

二、教育背景曾獲得的學位、畢業院校、依據年份排列工作經歷和曾擔任過的職務。應該詳細描述你做過的每一份工作。

三、根據需要添加以下資訊：興趣愛好和個人才能，語言和電腦應用能力以及與應徵職位相關的資訊，例如曾參與的志工活動。

提交履歷

如果你的履歷裡有你的照片，親自把履歷交給人資，或是透過郵件或快遞寄送會更好。另外，履歷的好照片有時是選拔的關鍵。如果你親自寄送，可以換一種顏色列印履歷，例如深藍色，這樣會使你的履歷看起來更加整潔、清楚。

最後，希望你可以多看看別人履歷，你會發現，很多的履歷都刻板枯燥、死氣沉沉。有了在本篇學到的小竅門，你會更容易從大批求職者當中脫穎而出，獲得競爭優勢。

不要只做大家都在做的事，不要用大家都用的方式寫履歷，要擁有原創性和創造力。要讓人資一開始就從履歷中看出你與眾不同。

現在就開始準備這樣的履歷，慢慢醞釀。你可以從你為何想獲得這個職務和你為何適合這個職務寫起，也可以從引用名人佳言開始，你還可以用一句你自己的話，例如「我真的很想得到這個職位，我一定會出色地完成任務」。

但是，永遠不要去乞求，不要讓人感覺你必須靠這個工作養活自己，不要表現出你的軟弱。

無論你決定怎麼做，你所做的一定要與眾不同，只有這樣，你才能順利通過求職第一關。祝你成功。

結語

我們的生活總是圍繞金錢而轉，盡可能多地學習與金錢相關的知識非常重要。不要等過了四十歲才突然發現：要是我多瞭解金錢知識，我的理財之路將會走得更順暢、更快速。

在這個物質生活至上的世界，商家想盡辦法不停地誘使我們買東西，這樣他們就能不斷地售出商品，從中賺取高額利潤。

大部分我們買的商品都是成功的市場行銷和廣告推銷的產物，並不是真正需要的東西。

我們每天夜以繼日地工作，就是為了賺錢買那些別人認為很有用、很重要、很棒的東西，但是事實上，我們並不需要那麼多東西。

如果我們能夠真正明白自己需要的是什麼，而不是別人覺得我們需要什麼，我們就不必那麼辛苦地工作，可以更享受生活。

想要在金錢的世界裡遊刃有餘地生活，你需要做的是收集金錢方面的知識，用學到的知識管理你的財產，針對你的需求制定專屬的消費計畫。

從最真實的內心出發，按照自己的真正需求去行事，你的生活將會變得更加美好、更加富足。

當你開始意識到，靠自己在某一領域掌握的知識賺錢，賺得比辛苦工作的錢更多，那麼你對理財已經知曉一半了。

當你明白了這一切，就不會再上當受騙了。

初版推薦文

認清陷阱，盡量保住自己的錢

林宏文（專欄作家、財經節目與論壇主持人）

在財經媒體工作數十年，投資理財一直是我關注的主題，不論是多年來採訪別人成功或失敗的經驗，還是自己不斷嘗試錯誤的檢討修正，甚至到現在和小孩溝通如何花錢省錢的觀念。我深深覺得，投資理財絕對不是一件容易的事，如何深入淺出地傳達與溝通，更是一大挑戰。

在閱讀這本《猶太理財專家不藏私致富祕訣》時，我發現作者舉了許多生活中常見的故事，並且不厭其煩又淺顯易懂地加以說明。例如，賣場中打出「買一送一」或「第二件五折」口號，其實只是在引誘你購買更多你不需要的東西；而對於工作之外獲得的報酬，像是突然中了彩券或股票大漲獲利，應該同樣當作是努力工作賺來的辛苦錢，否則很快就會花掉；還有每個人心中都應有一個價格上限，像買鞋時價位不超過二千元，一旦打破這個上限，以後買鞋就覺得上限只是參考，甚至將上限再提高。

這些案例如此簡單，卻是每個人最常犯的錯誤。想要投資理財的人，必須先了解這些阻擋在你面前的各種陷阱，因為這個世界上，每個人都想拿走你口袋中的錢，而你的職責剛好相反，就是要認清「想要」和「需要」的不同，盡量保住自己口袋裡的錢。

最後更重要的是，作者提到以色列將推廣理財教育當成國家級戰略，包括經濟學家及國家領導者都意識到理財教育的重要性。猶太人把理財拉到如此高的層級，會這麼有錢也就不奇怪了。

初版推薦文

運用有限收入，創造財富自由

龔招健（《Money錢》雜誌主筆）

猶太人擅長理財、投資，深諳致富之道，《猶太理財專家不藏私致富祕訣》可以說是集猶太人理財智慧之大成，沒有深奧的理論，但有很多生活化的舉例說明，讓每位想要致富或要為將來退休提早做準備的讀者，都能輕易上手。賺錢是人們工作的主要目的，許多人為此日以繼夜打拚，甚至犧牲了健康，但是這本書的猶太作者提醒我們，努力工作賺錢之餘，還要懂如何讓錢為自己工作——讓錢滾錢。

作者強調，大部分人都很難靠工作或做生意賺錢致富，但只要懂得理財，學會投資，活化現有的資產，即便收入不高，長時間下來也能累積出自己原先想像不到的可觀財富。

許多人收入頗豐，卻遲遲存不了錢，更多人擔心自己的收入不夠支應日常生活，更遑論為將來退休做準備。但作者認為收入多少是一回事，重點在於要有計畫的存錢，並且把存下來錢加以活化，讓錢滾錢，否則收入再高，最後可能還是會面臨入不敷出的窘境。

金錢雖非萬能，但如果沒有錢，或者沒有足夠金錢，很多事情都辦不了。但另一方面，許多人是沒有把金錢花在刀口上，甚至胡亂花錢，所以常常覺得錢不夠用。因此作者花了相當多的篇幅，教讀者「如何聰明花錢」，學會判斷支出的優先順序，並且能夠分辨哪些支出是「需要」，哪些支出是「想要」，然後盡量減少「想要」但「不需要」的支出。

每個人都希望提早達到「財富自由」境界，本書教讀者如何利用有限的收入，務實地增加存錢的速度，打造自己的第一桶金，並且透過投資理財的知識，把第一桶金加以活化，這狀況就好像養了一隻長期不斷下金蛋的金雞母一樣。

作者並強調，人們想在金錢世界裡遊刃有餘，一定要具備金錢方面的知識，並且將學到的知識用來管理自己的金錢或財富，包括擬定最符合個人需求的專屬支出計畫。如何讓錢為自己工作？如何養一隻會不斷下金蛋的金雞母？這的確是一門大學問，書中強調可以透過不斷地學習來自我充實相關知識，但不必什麼都懂。重點在於能掌握自己較熟悉的特定領域即可，而《猶太理財專家不藏私致富祕訣》就是很好的入門指引。

想像一下，你不必再「拚命」賺錢，反而可以讓金錢不斷地為你工作，一直到終老，而且金錢為你工作所帶來的財富遠比你的工作收入還更多。看完這本書，從自己內在最真實的需求出發，你可以一步一腳印，築夢踏實，身心更富足，生活更平衡。

初版推薦文

跟聰明猶太人學理財

邱沁宜（財經節目主持人、財經作家）

高中受洗成為基督徒的我，一開始對猶太人的認識全來自《聖經》。《聖經》中清楚記載猶太人是上帝的選民，更說猶太百姓認識耶和華是智慧的開端，認識至聖者便是聰明。

在我成為財經新聞主播和理財作家後發現，原來很多聰明的投資大師也是猶太人。據說全球超級富翁當中，猶太人佔了四到五分之一。我一直很好奇，是什麼樣的文化培養出猶太人的致富觀念。

我認為大致上原因有兩點：

一、苦難：在饑餓流亡的日子裡，猶太人沒有肥沃土地，沒有父母親遺留的龐大家產，並且在外族中經常受到歧視排擠，無法在一個地方久留，因此猶太人比別人更重視可以隨身帶著走的金錢資產價值。

二、家傳的理財術：在古早時候，理財是不傳之祕，但現在讀者可透過出版社將希伯來文翻譯成中文書籍，直接了解猶太人的理財智慧，進而學習他們開源節流的技巧。

我接觸過很多成功企業家和投資專家，了解他們的財富並非來自運氣，而是正確的投資觀念。我在個人著作也曾提過：有錢人其實比窮人更愛惜金錢。窮人常把投資當作樂透，夢想著一夕致富，但其實樂透成功機率極低；有錢人則是投資前謹慎評估，沒有把握絕不出手，讓風險降至最小。投資沒有捷徑和僥倖，《猶太理財專家不藏私致富祕訣》傳達了很好的理財觀念，鼓勵讀者學習猶太理財專家的思考模式。看看有錢人怎麼想，改變觀念，才會改變錯誤的理財方式，有一天就能真正成為有錢人！

初版推薦文

開網路賣場，教孩子理財

李昆霖（提提研執行長）

教小孩從小就學會做生意是一個很有意義的事，讓他們從小就知道怎麼用身邊的資源，運用毋需成本的生意創造財富。

我對孩子說，爸爸不給你們零用錢，因為這樣會讓你們養成領薪資的心態，爸爸希望你們以後也能創業做生意，所以只要能賣出去你們不要的玩具，一半的收入就是零用錢，另一半我們會幫你們存起來當教育基金。

於是我幫兒子 Savi 跟女兒 Anna 開了一個露天拍賣的賣場，教他們如何把平常沒在玩的玩具拍照上傳，這整個過程超有趣！因為我還教他們如何描述自已的商品。這時你就會發現小孩比你想像的更有觀察力，賣場中描述商品的文字都是他們自已想的，他們真的很努力在想賣點！

舉例來說，兒子 Savi 是這樣形容冰雪奇緣中的雪寶娃娃：「它的鼻子是紅蘿蔔，手是樹根做的，他的頭髮有線線，他的手有一、兩個點點，他的眼睛有黑，他的牙齒只有一顆，他很大隻。」

女兒 Anna 則是說：「買到賺到哦。」

我不干擾他們的想法，目的是想讓他們體驗：商品定價太高，可能面臨賣不出去的困境。好笑的是，兒子 Savi 連我的獎狀也想賣……他都不知道沒人想買那個嗎？我每天會唸賣場留言給他們聽，讓他們重新思考他的定價策略。

最後，網路上大家的留言和購買，讓我們全家渡過了一個歡樂的晚上，也讓孩子學到了商業模式。他們學習到描述商品賣點、議價、收款以及回覆客服留言。我還會在週末教他們打包寄送商品，其中還跟一位買家約好面交。

身為父母的我們也從中觀察到兩個小孩的商業模式完全不一樣：兒子 Savi 走的是精品路線，謝謝最後有人助攻定價兩千元在紐約買的米老鼠，讓他最後翻盤，雖然只賣一隻，但金額就抵過 Anna 賤賣的三隻。但前提是要面交，我們這時才恍然大悟，原來兒子 Savi 走的是靠臉吃飯的專櫃路線，需要以面對面的交流才能使人更有情感連結。

至於 Anna 走的是提提研面膜高 CP 值賤賣路線……而且商品還被秒殺，她比較有機會未來接棒提提研面膜啦。

從定價發現孩子倆有完全不一樣的價值觀，兒子 Savi 每樣都要賣兩千元，而女兒 Anna 則是每樣都只想賤賣幾百元就好（Anna 都不知道那件白雪公主要三千塊）。

我的孩子們從這次的拍賣學習到：做生意賺錢比乖乖等零用錢（薪資）還快速許多，而且更有成就感。而我做這些事只是希望，他們以後不要輕易賤賣掉我們上一代留給他們的房地產……

最後，我給他們的考驗就是在留言裡面放一句：「小兄弟，淘寶網的巴斯光年一隻都只賣一百元而已耶，你賣太貴了啦！」我要讓他知道盜版貨的可惡，這樣他就知道出了社會，事情沒那麼簡單。

這些經驗都與《猶太理財專家不藏私致富祕訣》書中的觀念相合，這本書曾說到：「學習理財太重要了！必須把理財知識教給這些孩子和他們的父母，鼓勵他們依靠自己去賺錢，為自己設定目標，積極嘗試，去爭取成功、去經歷失敗、去賺錢、去賠錢。」

我也認為，從小就要教給孩子不一樣的思維，這並不是為了讓他們更有競爭力，而是要走出自己獨特的市場。要靠自己創業，找到沒有競爭對手的壟斷市場才是最好的市場！

國家圖書館出版品預行編目 (CIP) 資料

猶太理財專家不藏私致富祕訣／史威加．貝爾格曼（Zvika Bergman）著；范曉譯 . -- 二版 . -- 臺北市：遠流出版事業股份有限公司 , 2022.05
面；　公分 .
譯自：My First Smart Steps
ISBN 978-957-32-9547-1（平裝）

1. 成功法　2. 理財　3. 財富

177.2　　111005184

Beyond 036

猶太理財專家不藏私致富祕訣

作者／史威加．貝爾格曼（Zvika Bergman）　譯／范曉

主編／林孜懃　執行編輯／陳懿文、盧珮如　封面設計／萬勝安
行銷企劃／舒意雯　出版一部總編輯暨總監／王明雪

發行人／王榮文
出版發行／遠流出版事業股份有限公司　104005 台北市中山北路一段 11 號 13 樓
電話：(02)2571-0297　傳真：(02)2571-0197　郵撥：0189456-1
著作權顧問／蕭雄淋律師
輸出印刷／中原造像股份有限公司
□ 2015 年 7 月 1 日　初版一刷
□ 2022 年 5 月 1 日　二版一刷

定價／新台幣 380 元（缺頁或破損的書，請寄回更換）

ISBN 978-957-32-9547-1
遠流博識網　http://www.ylib.com　E-mail:ylib@ylib.com
遠流粉絲團 https://www.facebook.com/ylibfans

MY FIRST SMART STEPS